] textdiebe [
die erste anthologie

24 Tracks
angehender Autoren,
gesammelt aus dem Netz,
zusammengefasst
bei den Textdieben

www. textdiebe.de
konzepte für text

Vielen Dank an Lee, Julia Meister, Ursula, Antje, Christina, Patrick und viele Freunde, die uns durch ihre Fragen und Tipps auf dem Weg geholfen haben.

Textdiebe Verlag München 2000
"textdiebe – die erste anthologie"
Alle Rechte vorbehalten
Redaktion, Lektorat: Vajk Zelles, Sascha Straube
Umschlaggestaltung und Layout: Lee
Coverphoto:Julia Meister
Realisiert über Libri Hamburg/BOD

ISBN: 3-935376-01-4

Die Autoren	Wenn Sie über einen Autor mehr wissen möchten, besuchen Sie ihn im AutorenPool der Textdiebe. Innerhalb der einzelnen Geschichten und Gedichte gibt die Internetadresse oben auf jeder Seite den direkten Pfad zur Online-Karteikarte des jeweiligen Autors an. Lesen Sie die Biographien der Autoren, mailen Sie an die Autoren oder diskutieren Sie mit ihnen im Forum der Textdiebe.
Die erste Anthologie	Dieses Buch hat Tracks und das ist gut so. So kann man sich einfach seine Lieblingsgeschichten aussuchen und wie auf einer CD direkt anwählen. Und da Geschmäcker bekanntlich verschieden sind, sind das auch die Geschichten und Gedichte unserer Autoren. Lesen Sie einen Rundgang durch neuere und neueste deutsche Literatur, gesammelt im Netz, zusammengestellt bei den Textdieben.
Der Verlag	Die Textdiebe sind ein junger Verlag aus München, dessen erstes Buch Sie gerade in den Händen halten. Die Textdiebe agieren vor allem im Internet und bieten neben der Veröffentlichung zahlreiche andere Services für Autoren und Verlage, Konzepte rund um Text und Internet. www.textdiebe.de textdiebe@textdiebe.de

INHALT:

track 01

DAS PFERD
von Hannes Fricke

Ich habe das Pferd immer gemocht.

Es war klein, erstaunlich klein. Doch es hatte Kraft. Und es war zäh. Sein Fell war schmutzig gelb mit schwarzen Sprenkeln, die verwaschen ausliefen. Die Mähne war struppig und stand aufrecht. Es hatte misstrauische, wilde, klare Augen.

Und es konnte arbeiten. Beim Aufbau des Zeltes schleifte es die Pfosten über den Boden. Es war ein eigenwilliges Tier. Von mir hatte es einmal einen Apfel angenommen. Das war lange her. Inzwischen traute es niemandem mehr. Vielleicht mochte ich es deshalb.

Seine Arbeit in der Manege bestand darin, im Kreis zu laufen und die Sprünge und Verrenkungen der Akrobaten auf seinem Rücken mit Gleichmut zu ertragen.

Der Zirkus war in die Stadt gekommen. Es war Winter. Aber die Freiluft-Saison war noch nicht vorbei. Eigentlich war es zu kalt. Aber es fehlte Geld: also die Weihnachtsfeiertage. Die Kamele grasten auf dem großen Platz, ihr Atem hing in der Luft. Die jungen Zirkushunde steckten mit den kleinen Köpfen in Eisenringen an Ketten. Sie waren an die Wagen geschlossen und froren.

Nur die Tiger lagen ohne sich zu rühren in ihrem vergitterten Wagen. Manchmal hoben sie ihre Lider und beobachteten ohne Bewegung den kleinen Platz und die beiden Zelte. Ich konnte ihrem Blick aus den eitergelben Augen nur kurz standhalten. Es war eine Drohung. Man hätte nur den Käfig zu öffnen brauchen, um an das Ende zu kommen.

Alle Tiere mieden den Käfig. Nur das Pferd war anders. Ohne Regung graste es neben dem Käfig-Wagen. Gelassen hielt es den Blicken stand. Selbst die Tiger hatten sich daran gewöhnt.

Der Beamte der Stadt hatte das Zelt abgenommen. Er hatte uns gezwungen, das Zelt nicht auf der Wiese aufzuschlagen, sondern die Manege auf einer betonierten, kleinen Kreisfläche einzurichten. Der zertretene gelbe Lehmgrund würde ein Schandfleck bleiben, sobald wir die Stadt verließen. Die Tiere würden auch so schon genug zertrampeln. Auf der Wiese ginge beim besten Willen nicht.

Beton also. Und darüber Sägespäne.

Die Vorstellung begann wie üblich mit den Tigern. Gleichmütig bewegten sie geräuschlos ihre Körpermassen durch den Reifen und über die Balancierstange. Die Bewegungen waren von kalter und gleichgültiger Eleganz. Selbst ihr heiseres Schnarren wirkte gebremst.

Nach der Nummer wurde der aus Stahlrippen ineinandergesteckte Käfig auseinandergezogen und hinausgetragen. Danach kamen die Reiter. Eine schlechte Nummer mit Indianergeheul und falschen Federn.

Ich hätte mich draußen für meinen Auftritt schminken und aufwärmen müssen. Aber ich liebte es, dem Pferd bei der Arbeit zuzusehen.

Den Schluss der Nummer bildete ein Sprung eines Indianers auf den Rücken des Pferdes mit einer Fahne. Der Nationalfahne.

Es hatte am Vorabend geregnet, und der Tau am Morgen. Es war feucht. In einem scharfen Bogen lief der Akrobat vom Innern der Manege an und sprang auf das Pferd.

Ob es nun die Feuchtigkeit oder der Beton oder der zu starke Sprung war: Das Brechen des Vorderlaufes klang wie ein Peitschenschlag aus der Tigernummer. Das Pferd rutschte nach innen weg und fiel schwer auf die linke Schulter. Der Akrobat sprang leichtfüßig in das Innere des Kreises.

Und das ist der Moment, wo der Clown alles überspielen muss. Der alte Weiße und ich, wir rissen unsere Instrumente hoch. Wir bliesen uns die Lunge aus dem Hals, um abzulenken.

Der für das Licht Verantwortliche hatte reagiert: Es war dunkel, nur wir alten Clowns im Lichtkegel des letzten Scheinwerfers. Man konnte kaum sehen, wie ein anderes, junges Pferd hereingeführt, dem Gebrochenen ein Seil unter dem Körper durchgezogen und es hinausgeschleift wurde.

Wir spielten weiter. So laut wir konnten. Luftsprünge. Grimassen.

Wir wollten den Schuss nicht hören.

Die ganze Zeit kein Laut von dem Pferd.

Als ich ein Kind war, wohnte ich in der Nähe eines Pferdestalls. Er brannte ab. Ich habe gehört, wie die Pferde schrieen. Menschen können nicht so schreien. Ich möchte so etwas nicht noch einmal hören.

Das zerbrochene Pferd gab keinen Ton von sich. Nur aus dem leicht geöffneten Maul kam etwas Dampf. Die braunen klaren Augen waren offen. Es wusste Bescheid.

track 02

DER ALTE MANN
von Solana

Er trank gerne schwarzen Tee. Nicht, dass der alte Mann den bitteren, herben Geschmack des Getränkes gemocht hätte. Nein, es war das Ritual, das Aufstehen, Hinausgehen, Holz Holen, den Ofen anheizen, den Kessel aufsetzen, den Tee aufgießen und langsam zuschauen, wie das Wasser eine braune Farbe annahm, um schließlich die warme Tasse zum Mund zu führen und die Lippen zu befeuchten, dass er daran so schätzte.

Vielleicht mochte er Tee auch so gerne, weil er seinen Teekessel liebte. Es war ein alter Aluminiumkessel. Rund, bauchig, ein wenig verbeult, mit einem geschwungenen Ausguss. Ohne Wasser darin war er ganz leicht und wenn er den Deckel am schwarzen Plastikknopf hochhob und hineinschaute, konnte er sehen, dass sich innen ein weißlich-grünlicher Belag in kleinen Flocken, Punkten und Kreisen abgesetzt hatte. Auch seine Haut zeigte Flecken, Ablagerungen des Alters. Er konnte sich nicht mehr daran erinnern, dass ihm diese Flecken einmal etwas ausgemacht hatten.

Es war einsam hier. Neben seinem Haus stand noch ein alter, vom Wind gegen die Hauswand gedrückter Apfelbaum. Außerhalb seines bescheidenen Grundstücks zog sich über eine große weite Fläche feinsäuberlich Furche neben Furche durch den braunen Ackerboden. Große Felder waren es geworden und an dunstigen Tagen konnte er nicht bis zu ihrem Ende schauen. Nur bei gutem Wetter ließ sich hinten, ganz weit hinten, in Richtung Süden als kleiner blauer Schimmer die Bergkette erkennen, zu deren Füßen als weißer Punkt die große Stadt lag. Jetzt im frühen Winter, wenn alle Felder gepflügt waren, leisteten ihm nur noch die Feldmäuse und die Saatkrähen Gesellschaft.

Manchmal stellte er sich vor, die Krähen würden nicht mehr mit ihrem Geschrei die Stille durchbrechen. Bestimmt würde er sich dann nicht mehr so einsam vorkommen. Obwohl, er war nicht einsam. Er war bei seinem Haus mit den beiden Zimmern, einer Küche und einem Schlafraum, bei seinem Holzschuppen und bei seinem Apfelbaum. Und auf dem kleinen Stückchen Land um sein Haus herum wuchs noch Gras. Jeden

Frühling machte es ihm Spaß zu beobachten, wie sich dieses Gras Zentimeter um Zentimeter hinausschob auf den nahen Betonweg und so eine Delle in dessen endlos geradem Rand entstand. Aber in der Erntezeit, wenn viele Mähdrescher, Trecker und Lastwagen den Weg entlang fuhren, blieb nur ein kleiner ausgefranster, zerquetschter und vertrockneter Saum vom vormals üppigen Grün übrig.

Es war vier Uhr. Er würde sich jetzt einen Tee machen. Langsam stand er vom Küchentisch auf, rückt den Stuhl beiseite und schritt zur Tür. Man sah ihr an, dass sie früher einmal, in den 30er Jahren, eine Küchentür gewesen war. Unter dem hohen Fensterchen aus dickem blinden Glas war immer noch eine Reihe kleiner Haken für die Geschirrtücher und Schürzen angebracht. Auch einige Reste der alten Abziehbildchen waren noch zu sehen. Aber inzwischen passte sie eigentlich ganz gut als Haustür, denn auch sein Haus war in die Jahre gekommen. Er drückte die rauhe, abgenutzte Klinke herunter, hob die Tür ein wenig an, damit sie nicht auf dem Boden schliff und ging hinaus in den kalten Wind. Er zog die dunkelgrüne Strickjacke, die über die Jahre fadenscheinig geworden war, enger um seine gebeugten Schultern und wandte sich nach links zum Schuppen. Seine Frau hatte ihm damals diese Jacke gestrickt. Ihre bloße Anwesenheit hatte früher allem eine innere Wärme verliehen - auch später noch, als sie nicht mehr aufstehen konnte und nur noch im Schlafzimmer vor sich hin döste. Er hoffte, dass er es nicht mehr zu erleben brauchte, dass die Jacke Löcher bekam und gestopft werden musste. Der Gedanke daran machte ihn hilflos. Er vermisste dann seine Frau wieder wie am ersten Tag nach ihrem Tod.

Es war neblig draußen. Mit gewohntem, schwungvollen Ruck öffnete er die verklemmte Schuppentür. Im Halbdunkel des Holzschuppens nahm er den Weidenkorb vom Boden auf und legte eins ums andere Buchenscheite aus der großen Kiste in der hinteren Hälfte des Raumes hinein. Der Boden hier war immer ein wenig weich und feucht. Die Bretterwände waren schon lange etwas undicht und in einem großen Kreis um den Hackklotz sammelten sich schon seit Jahren die Holzsplitter. Trotz ihres Alters waren seine Hände kräftig genug, je einen der großen Scheite allein zu umfassen und in den Korb zu legen. Ihre harte Haut war unempfindlich gegen die Holzsplitter.
Buchenholz war es. Gutes, trockenes, festes Buchenholz. Es war das letzte Mal gewesen, dass der alte Oelkers ihm hatte liefern können. Jetzt war er tot. Er würde nicht mehr mit seinem Zweitakter und dem grünen Anhänger voller Holz den langen Weg vom Rand der großen Stadt durch die weite Ebene zu ihm tuckern, dabei vor sich hin

murmelnd, Pfeife rauchend und ab und zu eine Schluck aus dem Flachmann nehmend. Hager war er gewesen der alte Oelkers, mit einem spitzen dreieckigen Gesicht wie ein Schild, "Vorfahrt beachten!". Hatte auch nie im Leben "Vorfahrt" gehabt. War nur zur Volksschule gegangen und dann Gemeindehelfer geworden. Aber der Oelkers hatte ihn immer verstanden. Gerade in der Zeit des großen Streits, als er sein Grundstück nicht wie alle anderen hatte aufgeben wollen, hatte der Oelkers ihn verstanden. Früher war hier alles anders gewesen. Wenn er da aus seinem Haus getreten war, hatte er viele Gehöfte sehen können. Große dabei, aber auch kleinere, mit spitzen hellroten Ziegeldächern, die zwischen den kleinen Wäldchen aus Linden, Eichen und Obstbäumen hindurchlugten, die rund um die Gehöfte gegen den Wind angepflanzt worden waren, gegen den verdammt kalten Wind in dieser Ebene. Und dann hatten sie Acker um Acker, Haus um Haus, und schließlich ganze Anwesen aufgekauft, abgerissen und riesige Felder an deren Stelle angelegt.

Ein kaltfeuchter Windstoß fuhr ihm ins Gesicht. Langsam richtete er sich auf und widmete sich wieder dem Füllen des Weidenkorbs. Bevor es ernsthaft zu schneien begann, musste er wirklich noch die Lücken zwischen den Brettern des Schuppens abdichten. Ob er Moos nehmen konnte? Er hatte nicht mehr viele Bretter übrig, die sich für so eine Reparatur eignen würden. Er hängte sich den schweren Weidenkorb in die linke Armbeuge, trat gekonnt gegen die richtige Stelle am unteren Rand der Schuppentür und schloss sie - abermals dagegentretend - hinter sich. Der Wind pfiff durch den Apfelbaum und seine Zweige winkten ihm grüßend zu. Den ganzen Herbst über bis jetzt kurz vor Weihnachten hatte er noch ein paar Äpfel hängen lassen - auch sie waren schließlich fleckig und verschrumpelt, aber dafür schmeckten sie um so süßer. Die früher geernteten Äpfel waren in einem Loch im Boden in der Küche aufbewahrt, dort unter den Dielen war es immer schön kühl und trocken. Der alte Mann schauderte abermals und hob schützend die Schultern gegen den Wind. Sich mühsam streckend pflückte er den letzten Apfel vom Baum und legte ihn auf die Holzscheite.

Aus alter Gewohnheit warf er noch einen Blick in Richtung Süden, wo ein heller Schein die tausend Lichter der Stadt zu Füßen des Gebirges anzeigte und fröstelte erneut. Nur ungern dachte er an die Zeit als Haus um Haus, Baum um Baum von gefräßigen Bulldozern und Lastwagen davongeschleppt worden waren. Der Boden war in jenem Jahr überall schlammig gewesen, zerfurcht, zerfahren und verdichtet. In jenem Jahr, in dem Jahr der großen Umstrukturierung, konnte es keine Ernte geben. Oder doch? Vielleicht hatte es doch eine Ernte gegeben. Dem Land war die Seele genommen worden. Abrasiert hatten sie sie vom Land wie einen unerwünschten Bart aus dem Gesicht. Und jetzt rasierten sie jedes Jahr neu, damit nur ja keine neue Seele nachwüchse und das Land schön glatt blieb für ihre riesigen Maschinen. Sogar den Fischweiher hatten sie damals zugeschüttet und hinten den Hügel mit der alten Eiche und dem Kreuz eingeebnet.

Er schüttelte seinen Kopf ebenso über das Vorgefallene wie um jetzt nicht mehr daran denken zu müssen und trat wieder in seine Wohnküche. Mit der früh einsetzenden Dämmerung war es drinnen schon recht dunkel geworden. Er schob etwas Holz in den runden, schwarzen, gusseisernen Ofen und begann Feuer zu machen. Dann füllte er den Kessel bis zum Rand mit Wasser und stellte Tasse, Teedose und Teesieb sowie einen Untersetzer nebeneinander auf dem Tisch bereit. Bei dem zuckenden Licht des aufkeimenden Feuers, das aus der offenen Ofentür fiel, setzte er sich an den Tisch und holte aus der Schublade vor sich ein altes, vom vielen Wetzen schon sichelförmig ausgehöhltes Küchenmesser. Immer wenn er es ansah und in die Hand nahm, sah er ihre roten, etwas rissigen Hände vor sich, wie der Holzgriff sich genau hinein-schmiegte und sie ohne abzusetzen eine Kartoffel nach der anderen aus der Schale in ihrem Schoß nahm und schälte.

Langsam und bedächtig zerteilte er jetzt den mitgebrachten Apfel. Seine Schale war zäh und das Fruchtfleisch schon sehr weich, dafür aber blütenweiß. Als er hineinbiss überflutete eine unglaubliche Süße seinen Gaumen. Er schaute in die Dunkelheit jenseits des Ofens. Das Feuer spiegelte sich in seinen Augen und gab ihnen einen wilden, fast fieberhaften Glanz. Er musste wieder an jenen warmen Frühlingsabend denken, als er und Helene Hand in Hand vom Kirmeszelt fortgegangen waren, um schließlich schweigend unter den blühenden Kirschbäumen stehen zu bleiben. Er spürte wieder das kühle, in der Dunkelheit schwarze Gras unter seinen nackten Füßen, sog tief den Duft der Blüten ein und erlebte noch einmal den überraschend süßen Geschmack ihres weichen und warmen Mundes bei diesem ersten Kuss. In diesem Moment wusste er, dass er mit dieser Frau sein gesamtes Leben teilen würde.

Langsam sank sein Kopf auf den Tisch. In seinen halb geschlossenen Augen spiegelten sich immer noch die Flammen, aber nun ohne ihnen Leben zu verleihen und aus dem leicht lächelnden Mund rann ein dünner Speichelfaden mit halbzerkautem Apfel. Der sich erhitzende Teekessel begann zischende Laute von sich zu geben. Mit lautem Knall sprang ein Stück brennendes Holz aus dem Ofen und blieb auf den Dielen liegen. In dieser Nacht würde zum ersten Mal seit vielen Jahren wieder ein Licht auf der großen Ebene dem hellen Schein der Stadt Antwort geben.

track 03

HAND AUFS HERZ
von Michael Straube

Abnorme Persönlichkeit, die zäh im Stillen wirkt. So oder so ähnlich soll sich der Psychologe dem Chefarzt gegenüber ausgedrückt haben. Das ist es. Das geht mir nun im Kopf herum. Ganz überraschend schon am frühen Morgen, obwohl das Frühstück hier ausgezeichnet ist. Welch ein Drang, mich mitzuteilen. Aber die Schwester ist zu beschäftigt, geht schnell von Bett zu Bett, von Zimmer zu Zimmer, professionelles Herunterspulen von Dienstbarkeit, durch die Architektur des Hauses gewissermaßen vorgegeben. Ich meine, da gibt es nicht viele Möglichkeiten. Man hat dienstlich den Wunsch, möglichst schnell durch die Gänge zu kommen.
Da ist auch eine Angst dabei. Dafür habe ich jetzt mehr ein Gespür denn je. Nicht zufällig liege ich allein im Zimmer. Es muss etwas dahinterstecken. Vielleicht eine Sache von Bedeutung.
Denn andererseits stehen die Krankenbetten sogar schon auf den Gängen. Und gestern ist einer in die Wäschekammer abgeschoben worden und dort gestorben. Völlig überraschend, wie man heute betreten sagt.
Manchmal löst der Tod Gelächter aus. Neulich nachts, als ich im Haus spazieren ging, sah ich zwei blutjunge Schwestern einen soeben Verstorbenen hinunterfahren in den Keller. Die kicherten sich Mut zu, und es endete in schallendem Gelächter. Ich verstehe das. Auch mir wird unheimlich zumute dort unten vor der Tür des Kühlraums, und ich frage mich, warum die Leichen nicht ebenso zur Besichtigung freigegeben werden wie die Neugeborenen oben im vierten Stock? Die Leichenkammer gehört hoch hinauf und hinter Glas. Tod und Geburt hinter Glas: das wär genau das Richtige.
Warum haben Sie nicht erst einmal die Welt bereist? fragte mich gestern Abend die alte Frau, die ein System von Flaschen und Schläuchen an einer Art Kleiderständer mit sich führt, um den das gesamte Pflegepersonal einen großen Bogen macht.
Sie kutschierte ihren klirrenden Lebensbaum in die Raucherecke am nackten Ende des Ganges und ließ sich Feuer geben von einem der jungen Rollstuhlfahrer, die sie länger kannten als ich und gleich fragten: Na, Oma, was hast du heut auf dem Programm?
Sie hatte sich nämlich ein kleines Radio zwischen die Infusionsflaschen gehängt und fummelte nun mit ihren leberfleckigen, sehnigen Händen daran herum, denn der schmale Empfänger funktionierte nur, wenn die Antenne in einem ganz bestimmten

Winkel auf dem Metallgestänge des Infusionsständers auflag.

Ein paarmal hob sie mit krummem Finger die Antenne an, und die Verbindung war unterbrochen. Sobald aber Metall Metall berührte, legte das Radio los. Und auch die Rollstuhlfahrer kamen in Schwung. Die Frau lachte und paffte, und alle hörten einwandfrei Musik, unterbrochen nur von einwandfreien Verkehrsmeldungen wie von einem anderen Stern.

Da musste ich gleich wieder ans Sterben denken und versuchte, das Durchschnittsalter von uns hier in der Ecke zu berechnen, aber die Rollstuhlfahrer bewegten sich zu rhythmisch. In meinem Armstumpf pochte es schmerzhaft.

Ja, warum bin ich nicht erst um die Welt gereist? Und wenn ich nun diese Frage den Chirurgen vorlege? Bei entsprechender Musik komme ich mir mit meinem Armstumpf etwas blöd vor und sitze steif da.

Aber die Dinge eilen auf mich zu. Psychologen und Chefärzte gehen im Haus herum. Fast möchte man von einem gefundenen Fressen sprechen, was meinen Fall betrifft. Ich muss auf der Hut sein.

Die Raucherecke hat mich abgelenkt, Seelenfriedhof und Rummelplatz zugleich. Da bin ich gar nicht zu Hause. Erst recht nicht, wenn einer ruft: Oma, du hast ja schon wieder dein Gebiss vergessen!

Ach, was, vergessen, antwortet sie, was soll ich mit einem Gebiss, das mich drückt, wenn ich täglich doch nur Brei vorgesetzt bekomme? und bei der Visite immer die selbe Frage gestellt wird: nun, haben wir heut schön Stuhlgang gehabt?

Sie klopft sich bös auf ihr Greisenbäuchlein, das wie eine Trommel den braunen Bademantel wölbt. Und sagt: das behalte ich alles schön für mich.

Worüber die Rollstuhlfahrer ins Wanken geraten vor bodenlosem Gelächter.

Das also ist die Welt der Kranken, in der ich gelandet bin. Ohne jegliches Aufsehen zunächst: wenn sie meinen Armstumpf begutachten, zeige ich keine Regung, als ginge mich das nichts an. Den verbindenden Arzt geht es ja schließlich auch nichts an.

Verwaltung und Versicherung sind da erheblich feinfühliger, wollen endlich Klarheit, denn es geht immer noch um die Frage, ob es sich hier um einen Arbeitsunfall handelt, was ich natürlich nur bekräftigen kann.

Aber da ist niemand, der mir in diesem Sinne zuhört.

Gerede hallt durch Hustenschluchten, Gelächter schießt durch Schleimgewölk: deutliche Anzeichen von Krankheit, die auch zur Kenntnis genommen werden. Die etwas in Bewegung bringen. Zettel werden flink ausgefüllt, farbige Formulare mittels Rohrpost durch die Wände, durch die Stockwerke geschleust. Wie durchlässig das alles ist, das gesamte Mauerwerk hohl von Adern und Anamnesen. Der Mensch wird hier mit

Fachkompetenz traktiert, die er nie zu Gesicht bekommt. Die Krankengeschichte ist immer schon vor ihm da. Treten Sie ein.

Da mich im Bett nichts hält, da ich immer unterwegs bin, versucht man es auf die andere Tour. Mir als Nichtraucher soll plötzlich die Raucherecke verwehrt sein.

Nun bleiben Sie mal hier, sagt die Schwester in scharfem Ton, da sie meinetwegen offenbar schon Ärger gehabt hat.

Als ich ihr, dermaßen aufs Bett zurückgeworfen, meinen weißen Armstumpf entgegenstrecke, winkt sie ermattet ab. Jetzt wird nicht verbunden. Chefvisite, sagt sie, und der Herr Professor möchte Sie endlich einmal antreffen.

Aha, das also ist es. Ich soll mich dem Gerede stellen. Die Fenster hier sind leider nicht zu öffnen. Frischluft ist Sache der Klimaanlage, die aufs Engste mit dem Rohrpostsystem verknüpft zu sein scheint, denn nur heiße, ungewöhnlich trockene Luft wird in die Zimmer gepumpt, überdruckmäßig, glaube ich, medizinisch gesehen eine einzige Sauerei, Blöcke von abgestandener Luft werden zweimal täglich mit schlaffem Besen hinausgefegt.

Die Atemnot hat längst auch die Heilberufe befallen, das Personal insgesamt, auch die adrette Schwester hat braungeränderte Schwitzflecken schmucklos zwischen Armen und Schultern hängen. Spröde Lippen, trockene Sprache. Da kommt noch einiges auf mich zu.

Durch ein Spalier von gestärkt rauschenden Weißkitteln schleust sich rohrpostähnlich der Professor ins Zimmer und schenkt meinem Arm nur allergeringste Aufmerksamkeit. Hat vielmehr anderes im Ohr: wie ich höre, haben Sie sich bei uns recht munter eingelebt, stellt er fest, als wäre das die Diagnose. Wie ich höre, wiederholt er und betrachtet mich brillenlos, also ein wenig nackt, so dass ich zu frösteln beginne und ein klirrendes Gelächter im Hintergrund höre, das am Professor allerdings kalt abprallt.

Erst draußen vor der Tür dann könnte er seinen Kopf ein wenig neigen und ein eisernes Lächeln zeigen, ein nervöses Abhusten hören lassen: Scherereien mit der Berufsgenossenschaft, Papierkram, durch Mutmaßungen ungesund aufgebläht. Selbstverstümmelung oder Arbeitsunfall?

Später dann werde ich erfahren, dass man die Fenster doch öffnen, eine verbogene Gabel in die Verriegelung stecken und drehen kann.

Die alte Frau, die gebisslos nun auch den Brei verweigert, wird es mir zeigen, mir bald darauf sogar die Gabel schenken, denn auch die Luft ist ihr mittlerweile schnuppe, da die zwei Frauen, mit denen sie das Zimmer, aber nicht das Klo teilt, den ganzen Tag mit offenen Mündern daliegen und keine Silbe mehr hinausbringen, immer nur röcheln, statt sich zu regen.

Sie aber, junger Mann, wird sie sagen, sollten besser Acht geben, denn Ihnen fehlt doch sonst nichts.

Hand aufs Herz, fordert der Professor, als ginge es um die urärztliche Anweisung: Oberkörper freimachen! Hand aufs Herz, Ihre Verstümmelung da, sagt er, und nur sein Kinn zeigt auf meinen Armstumpf, Ihre Verstümmelung, das war doch kein Arbeitsunfall.

Wolkenweißes Schweigen. Hand aufs Herz? Das könnte peinlich werden, denn die Hand, die ich mal aufs Herz gelegt habe, ist ab.

Aber dieser ganze weiße Rattenschwanz, der sich endlich zur Tür hinausschlängelt, zeigt keinerlei Regung, hat diesem eckigen Chirurgencharme nichts hinzuzufügen, nicht einmal ein Gekicher wie sonst.

Da haben Sie aber ganz schön ins Fettnäpfchen getreten, Herr Professor, sage ich und lasse meinen Stumpf auf mich fallen, in der Hoffnung, doch noch Aufmerksamkeit zu erregen.

Aber nicht einmal die Schwester mit den Schweißringen hört meine letzten Worte, sieht meine letzte Geste. In großer, akademischer Eintracht drängelt alles hinaus: weißbetuchter Rhythmus der Rechthaberei. Nur eine lindgrüne Mappe sehe ich noch kurz in Kragenhöhe schwanken, als hätte wenigstens die Verwaltung noch einen Zweifel. Auch das sicher ein Irrtum.

An erster Stelle steht deshalb die Sache mit der verbogenen Gabel. Meingott, Jahrzehnte jünger müsste ich sein, dann würde ich mit Ihnen losziehen, sagte die alte Frau, der man noch eine Flasche mehr an den Baum gehängt hat.

Ein ganzes Waffenarsenal, staune ich und schaue sie zwischen den schaukelnden Infusionsflaschen hindurch traurig an. Man will Sie beladen und beladen.

Beladen hat man mich das ganze Leben lang, antwortet sie forsch, hier will man doch nur Werksgeschichte schreiben, Buchführen und mustergültig Kurven malen. Aber das zählt bei mir nicht mehr.

Glauben Sie denn nicht, dass Sie wieder gesund werden und hier herauskommen? Will ich wissen, und sie antwortet in einem regelrechten Befehlston: ich komme nirgends mehr gesund heraus!

Ich danke Ihnen für den Tipp mit der Gabel und für die Gabel selbst natürlich. Ich hab schon frische Luft am offenen Fenster geschnappt, rufe ich und folge ihr in die Raucherecke, in die sie sich klingend und klirrend zurückzieht wie eine Göttin, behängt mit den seltsamsten Opfergaben.

Als Nichtraucher gönne ich ihr die kräftigen Lungenzüge. So höflich bin ich heute.

Es sieht ganz nach einer Intrige aus, sagt sie und zwinkert mir zu, lächelt tausendfältig und lässt sich von ihren Infusionen bedienen.

So stelle ich mir den Tod vor, denke ich. Gleichzeitig aber auch: der Rechtshänder muss sich nun auf die linke Hand umstellen, vielleicht auch mal die Zähne zu Hilfe nehmen. War nicht schon von einer Prothese die Rede? Was wirft man mir vor? Sie kennen ja die innige Wechselwirkung von Rohrpost und Gerücht, antwortet sie rauchend. Ihr Fall steht auf allen Ebenen zur Diskussion. Von Anfang an. Sie waren noch nicht eingeliefert, da hieß es schon: ein Selbstverstümmler. Was wollen Sie dagegen machen? Ich habe genau gehört, was der Chefarzt vor Ihrer Tür gesagt hat.

Zeichen des Rückzugs in meinen unruhigen Augen, hier vor der geschlossenen Fensterfront, an der der Wind entlangstreicht und die am frühen Morgen als erstes die hochverschneiten Berge ins Blickfeld rückt. Herrlicher Eindruck in einer Situation, die mir ausweglos erscheint. Ich habe mich immer krank gefühlt, sage ich kläglich.

Na, ja, erwidert sie und wirft lustlos die Zigarette in den Sandkasten von einem Aschenbecher, jetzt haben Sie ja Ihren Unfall gehabt. Aber der wird Sie noch in Schwierigkeiten bringen, das sage ich Ihnen.

Sie hat sich bereits wieder in Marsch gesetzt, als ich rufe: was soll denn das heißen? Die Wände des Hauses sind hohl, sagt sie dunkel, und ich denke zum erstenmal: die ist eine Hexe. Warum habe ich so lange mit der geredet?

Sie schwankt einfach weiter, als hätte ich sie arg belästigt, gibt aber doch noch eine letzte Erklärung ab: der Professor bemerkte, dass Sie auf Ihre Rente lange warten könnten, dafür werde er schon sorgen. Nachdem er nun die Zeugenaussage zu Ihrem Unfall vorliegen habe.

Ein Zeuge namens Lug und Trug! Schreie ich hinter ihr her. Ich bin noch nicht gehört worden! Habe auch nicht vor, von der Hand in den Mund zu leben!

Als ich, immer noch erregt, ins Zimmer zurückkehre, weiß ich, dass man zum Gegenangriff übergegangen ist. Man hat mir jemanden dazugeschoben. Wohl gleich nach der Chefvisite. Mich ekelt, aber ich will doch mal nachfragen, was es mit diesem Kerl auf sich hat, der zur Begrüßung kaum eine Miene verzieht.

Und erfahre eine schreckliche Wahrheit: mein Bettnachbar leidet an Lähmung, die unaufhaltsam fortschreitet. Ihm gestern erst ein Darmstück stillgelegt hat und ihm eines Tages auch den Atem nehmen wird. Das sagt er und tut ein paar ruhige, kräftige Züge, als genieße er das.

Ich gehe um sein Bett herum, und er folgt mir mit den Augen. Wie gelassen Sie das hinnehmen, sage ich, haben Sie denn gar keine Angst?

Er verzieht das Gesicht, dass ich erschrecke, antwortet aber zu meiner Beruhigung: ja, jetzt wissen Sie schon alles.

Da ich schweige, fährt er mit der ganzen Kraft seiner angenehmen Stimme fort: ich weiß auch schon über Sie Bescheid.

Wie meinen Sie das? Frage ich barsch, denn ich habe mittlerweile genug von den Leuten, die mich nicht leiden können.

Unsereins wäre froh, antwortet er, wenigstens eine Hand bewegen zu können. Und Sie? Sie stecken sie einfach in den Fleischwolf, behauptet er und schaut auf seine Hände, die weiß wie das Bettuch daliegen.

Wie kann ein Gelähmter so aufdringlich sein? Einer mit solchen Aussichten? Ich bleibe breitbeinig stehen und beuge mich zu ihm hinab, als hätte ich ihn nicht richtig verstanden. Der hat ja hellblaue, durchaus noch lebhafte Augen, denke ich und fordere ihn leise auf: sagen Sie das nicht noch mal.

Um meinen Worten Nachdruck zu verleihen, stütze ich mich einhändig voll auf seinem Brustkorb ab.

Er reißt die Augen erstaunlich weit auf. Aber das ist auch schon alles. Der kann sich nicht wehren, stelle ich kühl fest und verharre hochkonzentriert. Mir ist, als möchte ich ausprobieren, was so einer noch aushalten kann.

Jetzt öffnet er weit den Mund, was mir ganz natürlich vorkommt. Schnell stoße ich ihm meinen Armstumpf hinein, der augenblicklich höllisch schmerzt, so dass ich das wahrscheinlich gar nicht lange aushalten werde.

Als ich schließlich zurückweiche, weil mein Zorn jäh verflogen ist, fällt ihm der Kopf zur Seite, und seine blauen Augen starren geradewegs an mir vorbei. Ein unangenehmer Anblick. Also ziehe ich mich endgültig zurück, denn der wäre auch gestorben, wenn ihm die Schwester das Fieberthermometer in den Mund geschoben hätte. Kein Zweifel.

Unverzüglich eile ich in die Raucherecke, die sich inzwischen wieder gefüllt hat. Die Chefvisite ist mal wieder vorüber. Man erwartet mich nicht, und man beachtet mich nicht, so dass ich mich gezwungen sehe, laut dazwischenzugehen.

Ich werde heute noch entlassen, töne ich, es hat sich alles aufgeklärt!

Da lachen sie alle und dudeln ein bisschen zur Radiomusik und warten auf weiß der Teufel was.

track 04

ALLES GUTE
von Thomas Endl

Noch ist es Nacht. Das Zimmer schläft. Draußen wachen die Weiden. Wie riesig sie über die Gartenmauer ragen. Eskortieren dahinter den gewundenen Lauf des Flusses. Verneigen sich dunkel im Wind. Mir zur Ehre? Als ersten Gruß zum heutigen Tag? Als letzten für dieses Leben? Das Leben, das ihr für mich gewählt habt, das ich geworden bin für euch. Nach eurem Gutdünken, nach "rechtschaffener Auseinandersetzung". Aber sicher. Ich kenne meine Geschichte. Ich habe sie oft genug gehört von euch, stolz, belehrend, erklärend, verunsichert, verständnisheischend.

Manchmal glaube ich, das Spontanste an eurer Aktion Kind war noch der Name, den ihr mir gegeben habt. Und selbst da habt ihr erst lang gerungen. Wollte ja auch jeder mitreden. Als die Großeltern euch zu altvorderen Namen drängten ("der Familien- tradition zuliebe!") seid ihr standhaft geblieben. Kein "Hartmut, gibst du wohl dem Mädchen sein Backförmchen zurück!" sollte mein Dasein überschatten, kein "Albert, bitte nimm die Spiegelbrille ab, wenn ich mit dir rede!" und schon gar kein "Hubert, manchmal glaube ich, du heißt nicht nur genauso wie dein Großvater, sondern du bist auch genauso spießig". Solch grässliche Anrede sollte mir erspart bleiben.
Die mit Putten animierte Heiligendatei, die euch die damalige Freundin von Opa allen Ernstes via 'dogmanet' aus Italien geschickt hat, war wenigstens witzig. Natürlich habt ihr für euer außergewöhnliches Kind einen außergewöhnlichen Namen gesucht, aber Sankt Sturmi, Sankt Minias oder Sankt Frigidian sind euch "zu gefährlich" gewesen, denn weitblickend habt ihr schon an meine Kindergarten- und Schulkameraden gedacht, denen kein Name heilig sein würde, nur weil dessen Patron Fulda missioniert, als Märtyrer kopflos den Arno durchkraul oder sonst etwas Ehrwürdiges veranstaltet hatte. "Denk doch nur mal an 'Hau den Lukas!', da fängt's doch schon an", hat Bernd mir immer erklärt. 'Sturmi' und 'Minias' haben ja dann das kleine Los gezogen und jagten jahrelang als Hund und Katz durchs Haus, nachdem ihr sie drei Monate vor dem errechneten Termin - quasi zum Fürsorgetraining für euch - angeschafft hattet.
In den Heiligenlegenden haben die besten Geschichten sowieso die Frauen: Monika durchsoff fröhlich ihre frühen Jahre, und Afra aus Zypern durchhurte ihre Nächte, bevor sie Heiligkeit witternd Besserung gelobte. (Das hätte sie besser mal gelassen.

Denn so muss sie heute skelettiert und bunt bekränzt in Augsburg den Kolonnen der "Jungen Wallfahrtsbewegung" zahnlos entgegengrinsen.) Die heilige Katharina von Siena steckte sich gar die kupierte Vorhaut des kleinen Jesuskindes an den Finger! Den Finger immer am männlichen Geschlecht, das hätte euch doch gefallen müssen! Aber nein, Katharina war ja eine Frau! Die internationalen Datenbanken brachten nur Zank und Hader. Bernd wollte plötzlich 'Sascha': "Das ist eine moderne Form von Alexander. Alexander der Große ist ..." "... deinem Historikerherzen natürlich ein vorbildlicher Patron. Und nur rein zufällig klingt Sascha nach weichgespültem Blondhaarschnuckel ...", wandte Georg ein, und Bernds belehrende Züge wurden eisige Miene. Ich kann es mir lebhaft vorstellen.

Anna war für etwas Schlichtes: "Adam. Sehr klassisch. Und sehr männlich. Wenn ihr schon unbedingt einen Sohn wollt ..." Ob sie wirklich so zynisch war? Schließlich hatte sie sich doch mit dem ganzen Arrangement einverstanden erklärt. Lieber einen Sohn mit Bernd und Georg als gar kein Kind. 2010 war sie gerade mal 34. Sie hätte noch fast 20 Jahre mit dem ersten Kind warten können. Aber sie wollte nicht mehr. Die ganzen Karrierefrauen, die sich nach der erkämpften Laufbahn plötzlich mit 50 nach etwas Bleibendem sehnten, waren ihr verhasst.

"Wer es bis Mitte 30 nicht geschafft hat, eine Familie zu gründen, kann es auch bleiben lassen. Als halbe Oma dann mit einer dieser Zuchtbullenagenturen ins Geschäft zu kommen, kann es ja wohl nicht sein!", hatte sie ein paar Jahre vor dem Deal mit Bernd und Georg noch gewettert. Doch mit keinem ihrer Lover wurde sie wirklich froh. Sie seien "selbst nur große Kinder" gewesen, "Machos aus dem letzten Jahrhundert, die keinem Kind der Welt mehr als Vorbild zuzumuten waren" oder hätten "Schiss vor dem sozialen Absturz" gehabt. Und die Hälfte sei "sowieso mit dem Schlappschwanzsyndrom des wunderbaren neuen Jahrtausends" geschlagen gewesen: "Nichts mehr los mit den kleinen Spermien ..." Vielleicht war Anna deshalb überhaupt erst auf die Idee gekommen: Was ein Mann alleine auf herkömmlichem Wege nicht schafft ...

Von einer natürlichen Schwangerschaft war sie damit freilich genauso weit entfernt wie die berechnenden alten Weiber, die ihre Babys stolz im Neoretrodesignerbuggy durch die Öko-Malls schoben. Und eine normale Familie würde sie damit auch nicht zusammenbekommen, so wie sie es sich in Mädchentagen naiv erträumt hatte. Aber was sollte das damals schon gewesen sein: eine normale Familie? Eh nur noch die Vater-Mutter-Kind-Fassade, mit der die Altkonservativen gerne die Wirklichkeit verstellten, in der sich alle Formen des familiären Mit-, Ohne- und Gegeneinanders tummelten.

Ich lass die Wolken tanzen. Sie baumeln über mir, gebunden an die Stäbchen des Mobiles, und suchen dennoch ihre eigene Bahn. Überbleibsel aus dem Kinderzimmer. Auch ihr habt sie schon angepustet unter der himmelblauen Decke. Als ihr die Köpfe auf Annas Bauch gelegt habt, um dem neuen Leben zuzuhören. Als ich euch unsanft aufs Ohr schlug. "Wird wohl ein Fußballer werden", hat Anna bedeutungsschwanger orakelt und darüber furchtbar lachen müssen. Schon beim Shopping im Babyparadies hatte sie sich nicht zurückhalten können. Als die werdenden Väter gleichzeitig nach quietschbunten Ringelsöckchen griffen, fragte sie die Verkäuferin nach einem Häubchen im Regenbogenmuster. "Oder noch besser einen ganzen Strampelanzug! Was meint ihr, Jungs?" Dann steuerte sie auf einen Ständer zu, an dem berüschte Hemdchen hingen. "Oder was ganz Traditionelles - Euer Sohn könnte doch gut Rosa tragen! Und ein Edelweiß ist auch noch drauf!", frohlockte sie angeblich. Wahrscheinlich war sie zu der Zeit noch sauer wegen des Umzugs. Von Groß-Berlin nach München. Georg und Bernd aber waren sich einig: "Wenn halt nur die bayerische Regierung die Gentechnologen ohne Krittelei gewähren lässt. Und wenn wir hier eben leben, und zwar gut: mit dem ersten offen schwulen Oberbürgermeister in der gesamten Republik und nahezu ohne Gangs, die auf einen losgehen. Der Kleine soll sicher aufwachsen und sich frei entfalten können. Keine Angst haben müssen, wenn er einen Schulfreund auch nur umarmt." Ich brauchte keine Gangs, um es mit der Angst zu kriegen. Ich reichte mir völlig aus, meine Gefühle, die mir immer mehr entglitten, je stärker sie auf mich einstürmten. Und ihr, die ihr zuerst so sicher wart, alles zu kennen, alles zu wissen, was mich schmerzte.

Was ist übriggeblieben von Annas Wunsch nach einer glücklichen Familie? Hat sie denn wirklich zwei Männer gefunden, die Freuden und Sorgen über den gemeinsamen Nachwuchs täglich mit ihr teilten, die zur Erziehung mehr beitrugen als das monatliche Einkommen, die stolzgeschwellte Brust vor Freunden und Fremden und ein Arsenal autoritätsbewehrter Zurechtweisungen, als es keinen Grund mehr gab, stolz auf den - hoppla - plötzlich nicht mehr ganz so Kleinen zu sein?

Beide hatten Anna feierlich versprochen, für mich da zu sein. "In guten wie in schlechten Tagen". Zwei Männer, die ein Fieber gepackt hatte, von dem sie nicht im Traum gedacht hätten, dass sie den Erreger in sich tragen könnten. Welcher schwule Mann, der sein eingeschlechtliches Leben liebt, denkt an Kinder? Kinder sind immer die der anderen: Kinder, die bei Großonkel Ferdinands familienfeierlicher Rede so laut und anhaltend krähen, dass der greise Mann sich bemüßigt fühlt, seine bereits allseits bekannte Anekdote über das 'Blind Date' mit seiner stark sehbehinderten Helga gleich zweimal hintereinander zu schildern. Kinder der langjährigen Freunde, die mit 17 überraschend bei ihrem schwulen Patenonkel auf der Matte stehen, weil der nicht ganz so spießig ist wie ihre Eltern. Kinder des Bruders, die die Überbleibsel des schwulen Onkellebens erben. Sie finden Fotoschachteln voller sonniger Urlaube, schöner Männer und schräger Typen, ästhetisch wertvoll zusammengetragenes Mobiliar und putzigen Plunder, viel zu viel für die kleine Kammer, die sie dem Verwandten in ihren Neffen- und Nichtenherzen eingerichtet haben.

Bei Bernd und Georg sollte es nichts mehr zu holen geben für die Kinder anderer Leute. Ihre Zukunft hatte zwar noch keinen Namen, aber schon eine Seele, der sie nicht egal oder Ersatz sein würden, ein Gesicht, in dem sie sich suchen würden und ein Wesen, in dem sie die Liebe und die Freundschaft ihres Lebens wiederzufinden hofften: ein Wunderwesen, das drei Menschen vereint. Den Lebenshunger und das große Lachen von Anna, Bernds Durst nach Wissen und Wahrheit, seine sehr speziellen Ideen zur kulturellen Beglückung der Welt, Georgs Freude über jedes klare Gefühl in der Brust. Die naive Neugier aus unschuldigen Teenagertagen, was von ihnen in einem Stammhalter überleben würde, war zurückgekehrt. Die hagere Gestalt bestimmt, die sich seit Generationen durch Georgs Familie zieht. (Starke Gene offenbar. Ich habe sie immer gehasst!) Die hellen Augen unter den dunklen Brauen? Der nervöse Magen? Die Neigung zum Mann natürlich! Ausführlich hast du mir von deinen Einwänden erzählt, Bernd. Und? Was ist dabei herausgekommen? Du hast die beiden mit strahlenden Augen sicher herausfordernd angesehen, als du auf dem Weg zu 'Genetic Design' plötzlich eindringlich das Kliniktäschchen in die Höhe gehalten hast: "Das sieht uns mal wieder ähnlich, dass wir uns darüber unterhalten, worin uns der Kleine, der ja noch nicht einmal gezeugt ist, ähnlich sein wird. Der schwule Mann liebt doch im anderen sowieso immer nur sein Spiegelbild. Wie praktisch: der andere hat all das auch, was er im Grunde an sich selber schon erotisch findet.

Das markante Gesicht, die Bartstoppeln, Haare auf der Brust ..." "Oder auf dem Po!", warf Anna mit einem grinsenden Seitenblick auf Georg ein. "Na, das such' ich bestimmt nicht bei einem anderen Mann", maulte der sicher nur. "Ich find's lustig", meinte Anna fröhlich, "da hat man was zum Festhalten." So dürfte der Dialog gewesen sein. Richtig herzig nach der vorhergehenden Nacht. Bernd versuchte zu schlichten - mit seinem Mienenspiel zwischen Belehrung, Zuneigung und Anzüglichkeit, das ihm so entwaffnend gut gelingt: „Auf jeden Fall haben wir was gelernt. Eben mal was ganz anderes zum Begreifen. Ganz im wörtlichen Sinn sogar!"

Das, was sie zur Klinik trugen, war das Ergebnis einer besonderen Nacht. Endlich einmal war das gute Sperma nicht verschwendet worden, das doch von Generation zu Generation veredelt worden sei, wie mein Großvater sich auszudrücken beliebte, wenn es darum ging, dass er der erste Akademiker und Georg der erste mit Doktortitel in der Familie war. "Ist doch eine Schand', dass sich die dümmsten Bauern fortpflanzen wie die Karnickel, und wir sterben aus, obwohl mein Enkel vielleicht Professor werden könnt'", hatte er Georg immer vorgehalten. Wie er sich freute, als ich zur Welt kam, obwohl er die näheren Umstände meines Zusandekommens bis heute nicht wissen will. Bernd hatte da ein paar Erfahrungen aus seiner frühen Jugendzeit, auf die er zurückgreifen konnte, während Georg ganz jungfräulich an den Akt mit Anna herangetreten war. In einem Gespräch 'von Mann zu Mann' (dass ich nicht lache) hatte ich ihm ein paar Andeutungen zu dieser Nacht entlocken können: Annas Brust war zart, seine hart und knochig. Doch bald war ein Hals ein Hals, der Besitzer der Finger nicht gleich auszumachen, ein Fuß auch schön in Größe 38. Ich sollte ja ein Kind der Liebe werden. Mit großem Gefühl für alle drei. Aber am Ende musste offenbar jeder selbst Hand anlegen. Mit der anderen hielten sie sich fest, fühlten die Finali mit. Brav. Bernd und Georg hielten ihre Ergüsse auf dem Bauch in Balance, bis Anna sie säuberlich in die Gläschen gewischt hatte und beide so heftig umarmte, dass Georg die untersten Rippenbögen über Tage schmerzten.

Die Diskussion über meine bestmöglichen Befindlichkeiten war auch nach der gemeinsamen Unterzeichnung des Gen-Design-Vertrages noch nicht wirklich beendet. Begonnen hatte sie schon im ersten Moment, als Anna die beiden Männer mit ihrer Idee vom gemeinsamen Kind überraschte und war gleich über Georgs These vom sinkenden schwulen Nachwuchs gestolpert. Schließlich würden sich doch immer weniger Schwule dazu gedrängt fühlen, des schönen Scheins der Normalität wegen eine Frau zu heiraten und mit ihr gar Kinder in die Welt zu setzen. Wo bliebe denn da die nächste schwule Generation? "Wenn wir schon unser Scherflein zum Fortbestand der Menschheit leisten sollen, dann bitte auch zu dem unserer eigenen Art", hatte er apodiktisch gefordert. Erst als Anna darauf bestand, sich wenigstens um die weibliche Seite ihres Sohnes zu kümmern, kamen sie zusammen. Frauen sind intuitiver als Männer. Später hat Anna sich viel vorwerfen lassen müssen. Das mit der weiblichen Seite hätte sie ja offensichtlich übertrieben ...

Die Dame von 'Genetic Design' begegnete der Aufgeregtheit meiner Eltern professionell, zerstreute ihre letzten Zweifel durch die Selbstverständlichlichkeit, mit der sie sie durch den Fragenkatalog zum Wunschprofil leitete. Den Ausschluss von Annas erblicher Neigung zur Gicht nahmen die drei mit, ebenso einen Akzent auf die musische Ader, die durch Bernds Familie pulst (ein Ururgroßonkel väterlicherseits war zwei Jahre lang Hofkompositeur derer von Waldburg-Zeil auf Hohenems). Wenn es sowieso nur mit Hilfe der Technik möglich war, dass Anna ein Kind von beiden gemeinsam bekam, dann würden ihnen die harmlosen Eingriffe ins zu werdende Leben in Gottes Namen auch gestattet sein. Die Seiten, in denen 'Genetic Design' Zusatzpackages aus den qualifiziertesten (und teuersten) Genlizenzen von Einsteins Erben bis zur 'New-Model-Corporation' anbot, interessierten sie nicht. Den Abschnitt, der Eliminierungswünsche abfragte, überflogen sie. Fettleibigkeit? Nicht vorgekommen in den Familien. Zumindest nicht in tragischen Ausmaßen. Suchtverhalten? Muss auch mal sein - in Grenzen natürlich. Aggressivität? Sicher, inzwischen weit verbreitet, aber letztlich eine Frage der Erziehung. Homosexualität? Georg lachte über die entschuldigende Miene der Dame laut hinweg. Bernd blieb still, Anna rutsche auf ihrem Stuhl herum wie auf der Suche nach einer bequemen Position. "Notieren Sie doch bitte Homosexualität in der Rubrik 'erwünschte Eigenschaften'!", sagte Georg nach einem kleinen Räuspern mit klarer Stimme.

Die Dame lächelte sie am Ende souverän aus der Tür. Von den vielen Terminen, die Anna in den nächsten Wochen mit der Ärztin im Fertilisationsraum zugebracht hatte, bekamen meine Väter nur dürftige Auskunft. Schwierig sei es gewesen. Nervig. Eben doch nicht so einfach, eine Zelle dazu zu bringen, das Erbgut von drei Spendern auszubrüten. Wie wahr! Doch 2010 glaubte man noch an so vieles. 'Alles ist machbar, Kinder', schwebte als Leitidee über genetischen und pränatalen Kliniken, die um Aufträge finanziell potenter Paare buhlten. Erst auf dem Weg zum Kreißsaal, im Taxi, wurde mein Name geboren. Der Fahrer war hübsch, hatte ein sanfte, helle Stimme und hieß Hannes. Johannes Maria, um genau zu sein. Anna war begeistert, und der Moment war nicht dafür gemacht, ihr den Doppelnamen auszureden.

Heute ist Anna froh darüber. "Ein Glücksgriff. Und ganz zufällig!", erkannte sie, als ich mich ihr - "von Frau zu Frau" - offenbarte. Bernd dagegen fiel nur ein, mich vor "voreiligen Schritten" zu warnen. Ob ich mir denn ganz sicher sei, und was denn Georg dazu meinte. Doch Georg wusste von nichts. Er war schon so lange fort, und bei den ach so netten wie seltenen Telechats hätte ich eher den Bildschirm zertrümmert (um nicht die ungestellten Fragen in seinem Gesicht ablesen zu müssen), als ihm jetzt noch meine verzweifelten Jahre zu offenbaren. "Gut, es ist deine Verantwortung", resümierte Bernd nach den Auseinandersetzungen mit Anna und mir. "Wenn du alt genug dafür bist", fügte er hinzu und ließ mich bis zum heutigen Tag warten.

Der Tau auf den Blätter beginnt zu glitzern. Die Sonne erkämpft sich das Feld. Ich hänge die Wolken ab und stecke das Spielzeug in die Schublade mit den ausrangierten Knabenklamotten. Bepuste es behutsam, doch nur Staub wirbelt auf. Ich ziehe mich an. Die weiße Bluse leuchtet mir frisch mein neues Leben entgegen, und trotz meiner

Größe greife ich zu den Hochhackigen. Nur noch der medizinische Eingriff. "Alles halb so schlimm. Du wachst auf, und alles ist gut - naja ... rein körperlich gesehen ...", hat mir Natascha versichert. Hat mit schräg gelegtem Kopf in mein ängstliches Herz geblickt und mich dann fest an ihre schön gewachsene Brust gedrückt. Es klopft ganz leise. Anna steht in der Tür. "Ich komm mit in die Klinik, Schatz." Wir schauen uns an. Ich lächle entschlossen. "Alles Gute zum Achtzehnten ...", hält sie mir ihren Kuchen entgegen, "... und zum Ersten!" Die Träne, die ihr von der Wimper springt, verzischt in der Flamme der hohen, roten Geburtstagskerze.

track 05

BECKMANN
von Jonas Fischer

Beckmann weiß nicht, was er sagen soll. Die Frau neben ihm kennt er nicht, mehr noch: er hat sie nie zuvor gesehen. Sie kramt in ihrer Handtasche und Beckmann macht sich ganz klein auf seinem Sitz. Sie nimmt keinerlei Notiz von ihm. Der Bus hält für ihn an und Beckmann betrachtet fremde Leute. Die Frau knipst ihre Handtasche zu und Beckmann weiß noch immer nicht, was er sagen soll. An der übernächsten Haltestelle steigt er aus und schlendert mit der Zeit zurück.

Das Amtsgebäude sieht aus, wie es aussieht, Beckmann ist ungehalten. Seine Stirn hat einen fettigen Abdruck hinterlassen auf der Busscheibe, daran muss er denken, bis sich die automatischen Lifttüren hinter ihm schließen. Preuß telefoniert schon und notiert Zahlen. Als Beckmann seinen Mantel öffnet, fällt sein Blick. Er nimmt den Bürokalender von der Wand und verschiebt das rote Viereck auf ein weniger bedrohliches Datum. Preuß legt den Hörer auf und beginnt, die Zahlen auf seinem Block zu verändern. Beckmann sitzt im Mantel am Tisch und schaut. In der Frühstückspause wickelt Beckmann seine Brote aus dem Pergamentpapier. Preuß köpft sein Ei, das Ei gibt keinen Laut von sich, Preuß streut mutwillig Salz auf die Wunde, Beckmann muss sich wundern. Er beginnt, die Ablage neu zu ordnen, konzentriert und nach einem streng logischen System. Die ganze Nacht hat er darüber wachgelegen, seiner Frau beim Kaffee davon erzählt und sie hat ihm zugehört und sich dabei mit den Ellenbogen auf den Tisch gestützt. Immer stützt sie beim Kaffeetrinken beide Ellenbogen auf den Tisch. Preuß sagt, er habe gestern seinen Urlaub gebucht, Spanien, ob Beckmann schon einmal. Nein, sagt Beckmann, weil es ihm gerade so einfällt, und Preuß nickt, als habe er keine andere Antwort erwartet. Preuß sieht immer so aus, als habe er nichts anderes erwartet.

Ich habe, sagt Beckmann vernehmlich, ich habe ein Furunkel am Arsch, ganz dick und schwarz, und jeden Morgen schlüpfen kleine Schlangen daraus, wie Regenwürmer, nur grüngeringelt.

In Spanien, sagt Preuß träumerisch und bohrt sich mit dem Bleistift im Gehörgang herum, in Spanien scheint immer die Sonne.

Beckmann erhebt sich und ist unschlüssig. Im Waschraum sieht er so lange aus dem Fenster, bis ihn der Gestank zu irritieren beginnt. Er tritt zu der besetzten Toilettenkabine und bückt sich, lugt unter den Türspalt: karierte Socken und braune Slipper, Löhken müht sich geräuschvoll, Beckmann wäscht sich ausdauernd die Hände. Beckmann wartet, bis die Spülung rauscht, dann uriniert er ruhig, als sei er nur deswegen hergekommen. Löhken stellt sich neben ihn und spuckt in die Rinne. Geht, ohne sich die Hände zu waschen. Beckmann knöpft sich die Hose zu, tritt zum Fenster und presst die Stirn gegen das Glas.

Am Telefon meldet er sich mit einem erfundenen Namen.

Bedaure, sagt er, Beckmann ist weg, sagt er, der ist in Spanien, in Spanien scheint immer die Sonne. Preuß sucht in der Ablage nach einem Vorgang und findet ihn. Beckmann spricht noch weiter, als sie schon längst aufgelegt haben.

Nein, sagt er, das lässt sich schlecht einrichten, aber einen Versuch ist es immerhin wert, und danach treffen wir uns bei Cagliani zum Essen. Preuß sagt, er ginge lieber zum Spanier, aber er ist nicht gemeint. Mit dem Brieföffner in der Hand steht Beckmann hinter ihm und stellt sich etwas vor.

In der Mittagspause bleibt Beckmann im Büro sitzen und isst von dem Pergamentpapier, in das seine belegten Brote eingewickelt sind.

Dann ist Feierabend. Im Stiegenhaus ist es düster, Beckmann zählt die Stufen von Stockwerk zu Stockwerk und ist erleichtert, dass keine Stufe fehlt. Das Kind sitzt wie immer auf dem Treppenabsatz und saugt an dem Fuß seiner schmierigen Stoffpuppe. Beckmann tut so, als beachte er es gar nicht und sucht in seinen Taschen nach dem Wohnungsschlüssel. Das Kind lacht blöde. Seine Frau öffnet die Tür und Beckmann bemerkt, dass sie keinen Büstenhalter trägt. Er habe, behauptet Beckmann, nicht gewusst, was er hätte tun sollen, er habe sie doch nicht einmal gekannt. Sie steht am Herd und rührt in den Töpfen. Er packt sie von hinten und presst sie an sich.

Sie fragt: Willst du ein Würstchen oder zwei.

Er antwortet: Wie oft werden Busfenster gereinigt, weißt du das. Sie weiß es und Beckmann ist enttäuscht. Immerhin bleibt ihm die Erinnerung. Nach dem Essen schiebt er ihren Rock hoch. Sie taucht die benutzten Teller ins Spülwasser, zieht sie klebrig wieder hervor und dann drängt er sie ins Schlafzimmer. Während sie die Decken zurückschlägt, stellt er sich vor, er sei der, mit dessen Namen er sich am Telefon gemeldet hat. In der Nachbarwohnung schlägt man das Kind, dann Türenklappen. Die Frau hat ihre Strümpfe heruntergezogen. Wenig später fühlt er sich etwas erleichtert, die Frau wartet, bis er sich von ihr weggerollt hat, dann steht sie auf und verschwindet leider nicht ganz. Beckmann bleibt liegen, bis die Feuchtigkeit auf seinen Schenkeln ihn zu beunruhigen beginnt. Er wischt sie ab mit dem Zipfel der Decke und erhebt sich. Die Frau steht vor dem Spülstein und spritzt sich mit der hohlen Hand

Wasser zwischen die gespreizten Beine.

Beckmann hat Appetit auf eine Zigarette und tritt ins Stiegenhaus. Beinahe wäre er über das Mädchen gestolpert. Erst im letzten Augenblick sieht er ihr Mondgesicht bleich schimmern in der Dunkelheit. Sie hockt auf dem Treppenabsatz und saugt am Fuß ihrer Stoffpuppe, der formlose Körper wiegt sich im Takt einer vorstellbaren Melodie. Er setzt sich neben sie hin, sie nickt mit dem Oberkörper und er pflichtet ihr bei. Lange sitzen sie so, dann sagt er: Die Fenster im Waschraum sind erst vor kurzem gereinigt worden. Aber andersherum wäre es schöner. Das Mädchen drückt ihm etwas in die Hand, etwas Schleimigfeuchtes, ihre Zunge tritt dickglänzend zwischen die fahlen Lippen. Beckmann saugt bereitwillig am schmierigen Puppenfuß, das Mädchen gluckst vor Vergnügen und klatscht in die Hände, und sie gluckst und sie klatscht und Beckmann saugt am Puppenfuß und friert nicht mehr, obwohl er nur in Unterhose sitzt und er immer gefroren hat, den ganzen Tag, all die Jahre, immer. Immer. Der Puppenfuß schmeckt süß, schmeckt wie lang gekautes Brot und wie gut das schmeckt und wie er sich darüber freut. Jetzt. Ihr Mund steht offen, Glitzerfäden laufen über ihr Kinn. Sie grabscht Beckmann die Puppe aus der Hand und sie stößt einen fröhlichen Laut aus und sie beugen sich beide über das Treppengeländer und sie schauen durch das weite Stiegenhaus tief, tief nach unten. Beckmann denkt, er müsse sich nun etwas vorstellen und sammelt all seinen Speichel und will böse spucken, wie Löhken in die Pissrinne, doch Beckmanns Spucke segelt sanft, all die vielen Stockwerke hinab segelt sie sanft und kommt endlich, endlich an.

Das Mädchen klatschpatscht in die Hände, geräuschlos glücklich. Beckmann lacht herzlich. Dann stößt er zu.

track 06

GEDICHTE
von Marjana Gaponenko

Dem Mann, den ich lieben werde,
Der einmal weggeht.

Du dachtest dass ich schlafe
Und hast im Weggehen
Das Licht ausgeschaltet. Aber ich
Hörte, wie dein großer
Und trauriger Handteller
Sich auf der Haustreppe
Schuldig fühlte.

Dem Mann , den ich lieben werde
Der einmal weggeht, um
Zu mir zurückzukommen.

Am Blumenkiosk dachtest du
Daß meine Schönheit
Einer schlafenden Nelke
Ähnlich ist.
Ich hörte wie sorgfältig
Mich dein heiliger Handteller
Weckte. Ich spürte dich
Nach Nelke und Zigarre riechen..

es ist schön durch die steppen zu wandern, den kleinen wacholder an der brust.
als ich kleiner war, nahm mich ein kurzsichtiger zigeuner mit und wir gingen bei regen
vergebens und verzaubert
oder harrten bis ein fenster im himmel aufflog aber keines flog auf.

als der alte starb, warf ich zornige steine hinauf um die blauen augen zu zerschlagen
aber sie weinten verächtlich.

bringt nutzen.

nachts wäscht er
das schwarze laken

am tage stopft er das graue
mit verlegenen armen

im sturm
schreibt er briefe

ich sammle und trage sie
zu seiner liebsten

unter den anderen schönheiten
ist sie leicht zu erkennen

über das wasser
neigt sie sich am längsten

track 07

BEGEGNUNGEN AM ENDE DER ZEIT
von Thomas Trauf

Das Unangenehmste ist diese Unklarheit. Er muss erst minutenlang durch die Wohnung gehen, um sich über das Hier und Heute klar zu werden. Und dann sind da diese Träume. Bedrückende, ergebnislose, Kraft aufsaugende Träume. Jetzt liegt er noch immer wach. Sinniert dem letzten Traum hinterher. An der Decke bewegt sich eine dunkle Spinnwebe.

1. Sie sagt: ·Bleib ruhig liegen!· Dann bewegt sie sich unter ihm, wie sie es für ihren Orgasmus braucht. Er versucht sich zu erinnern, wann sie das letzte Mal zusammengewesen sind. Vor einem dreiviertel Jahr? Oder einem ganzen? Als sie die Unterwäsche wieder angezogen hat, beginnt er über seine seltsamen Erlebnisse zu sprechen. Er spricht davon, wie er an seinen Sinnen zweifelt. Er beschreibt Vorgänge, die so niemals stattgefunden haben können, beteuert aber, es so gesehen zu haben. Gesehen, gerochen, ertastet, gefühlt. Sie interessiert das Thema nicht. Sie schiebt sich an ihm vorbei, greift nach ihrer Hose. Er will sie am Oberschenkel fassen, nahe des roten Tangas, lässt die Hand aber wieder sinken. Sie setzt sich wieder, weiter weg von ihm, der linke Träger ihres BH's ist ausgefranst. Er geht in die Küche, um sein Glas neu zu füllen. Als er wiederkommt, ist sie verschwunden. Er riecht sie nur noch. Dieses Verschwinden! Wieso verschwinden die Dinge so schnell? Er kann es sich nur so erklären, dass mit seiner Küche etwas nicht stimmt. Diese verdammte Küche! Als er gestern morgen aus dem Bett kam, lag eine große mumifizierte Katze auf dem Teppich. Natürlich hatte sie Ähnlichkeit mit seiner Katze, die außerdem nicht mehr da war. Das Futter in der Küche war noch frisch. Jetzt ist Marta verschwunden. Draußen regnet es wieder. Eine alte Frau geht ohne Schirm über die Straße. Er müsste das alles genauer untersuchen, es ist vielleicht gefährlich. Gestern hat er Wecker gekauft, für jedes Zimmer einen. Doch an eine Datumsanzeige hat er nicht gedacht, fällt ihm ein. Vielleicht das Datum! Vielleicht waren es ganze Tage! Ganze Tage, die fehlten oder zuviel waren...? Er hat Angst vor der Nacht. Wenn er doch nicht schlafen müsste. Wenn die Arbeit in der Firma nicht wäre. Wenn, wenn, wenn! Es klingelt an der Tür. Marta! ·Hallo, bist du allein?· Er bittet sie herein. Sie riecht anders als noch vor wenigen Minuten. Sie trägt andere Kleider. Er küsst sie heftig. Sie schmeckt anders. Er küsst sie

am Hals. Als sie aneinandergepresst auf das Sofa sinken, nimmt er den vertrockneten Blumenstock auf dem Fenstersims wahr. Er öffnet schnell ihren BH und versenkt sein Gesicht in ihren Brüsten. Sie zieht den schwarzen Slip aus. ·Du solltest hier bleiben!· , sagt er. Sie atmet nur.

2. ·Ich habe keine Zeit!· hört er sie sagen. ·Jeder Mensch hat 24 Stunden am Tag Zeit, du willst es nur nicht!· entgegnet er. ·Ich kann mich einfach noch nicht festlegen, ich muss auf diesen Anruf warten.· ·Gut, dann meldest du dich eben heute abend noch mal, das dürfte doch gehen?· ·Ja, ...ja, ok.· Er legt den Hörer auf und lehnt sich zurück. Das Ecksofa ist schmuddelig. Eigentlich hat er ein weißes gekauft. Jetzt: überall Ränder und Flecken. Nicht auffällig, eher wie ein Schleier. Die Reinigung des Sofas dürfte schwierig werden: Polsterspray, Teppichreiniger, Bürste, Schwamm, trocknen lassen, saugen. Das Sofa bewegt sich! Er starrt nur fassungslos. Auf der Sitzfläche quellen grün schimmernde Beulen auf. Man hört die knisternde Spannung des Stoffes. Er will aufspringen, es geht nicht. Er will seine Beine bewegen, zerrt am Tisch. Er ist angeklebt. Er riecht den Leim. Es ist dieses azetonhaltige Zeug. Wenigstens gelingt es ihm, seinen Blick von der mittlerweile bis unter die Decke reichenden, grünen Beule abzuwenden. Er presst die Hände an die Ohren, um den Knall zu verkraften. Der Knall kommt nicht. Als er wieder hinschaut, steht ein alter Mann auf dem Sofa. Sein Opa. Seit 22 Jahren tot. ·Geh bitte mit deinen dreckigen Latschen vom Sofa!· Opa bleibt stehen, zieht eine ernste Miene und hebt den Zeigefinger. ·Als ich damals den Milch-laster gefahren bin, haben Flugzeuge auf mich geschossen! Solche Löcher waren im Tank! Dann bin ich raus und in den Straßengraben. Als ich wieder aufstand, merkte ich, dass ich auf einem toten Iwan gelegen hatte.· Der alte Mann lässt die Hand sinken und setzt sich endlich. ·Ich weiß, Opa, das hast Du mir schon oft erzählt.· ·Wir müssen heute noch Stoppeln gehen. Ich denke, wir sollten und beeilen.· ·Ich habe keine Zeit, Opa!· ·Jeder Mensch hat 24 Stunden am Tag Zeit!·

3. ·Am Ende der Zeit ist Stille. Das Ende des Lebens ist · natürlich · nicht das Ende der Zeit. Es hat sich eben nur einer ausgeklinkt. Trauerfeier, echter Schmerz, echtes Vermisstwerden, vorübergehender Schmerz, unbedeutender Schmerz, gar kein Schmerz. Je nachdem, wen es trifft oder wer übrigbleibt. Besser dran, wer ganz ohne Schmerzen ist, der Tote also. Mit dem Ende der Zeit verhält es sich anders. Es kommt nicht plötzlich oder vorhersehbar wie der Tod. Es ist mehr oder weniger unmerklich da. Immer. Es stagniert, oszilliert, steigt und fällt temporär oder regelt sich auf einem neuen Niveau ein, bis es sich wieder verändert. Da es das Ende der Zeit ist, hat es auch

kein Ende, im gewohnten Sinne. Es geht nicht vorbei, es ist da. Schwer zu erklären ...·
Opa nimmt einen Schluck Bier. ·Aber manche spüren es. Manche Menschen reden
von Dingen, die keiner versteht oder falsch deutet oder auf Schwachsinn des Erzählers
schiebt. Das mag in dem einen oder anderen Fall stimmen, Schwachsinnige gibt es
genug. Aber Idioten sind selten so verzweifelt wie jemand, der tatsächlich etwas erlebt
hat, was eben kein anderer versteht. Oder verstehen will. Zum Beispiel, als ich gestern
mit dir sprach ... Ach so, das kannst du nicht wissen. Ich war gestern schon mit dir
zusammen. Es war nur völlig anders als jetzt. Ich war nicht ich, sondern eine Frau. Es
kann aber sein, dass du dich in ein paar Tagen daran erinnerst. Es wird noch einmal
passieren. So oder so ähnlich, und dann wirst du dich erinnern. Jedenfalls hast du
mich verspottet und fortgewünscht. Darauf hin bin ich auch gegangen, aber ich
konnte ohnehin nichts ändern. An allem, was dir passiert, kann ich nichts ändern. Weil
es eben keine Festlegung gibt, wann was als nächstes passiert und keine Voraussage
möglich ist. Es passiert einfach. Siehst du die Spinnwebe dort oben? Sie ist da und auch
nicht. Geh aus dem Zimmer und komm wieder! Vielleicht ist sie plötzlich verschwunden? Oder du erinnerst dich nicht mehr an sie, und wenn du sie wiedersiehst,
ist es für dich eine neue. Du wirst aber mit Sicherheit immer irgendwo eine Spinnwebe
finden. So ähnlich ist es mit mir und mit dir. Wir sind beide da. Es ist unerheblich,
wann und wo. Wir treffen uns scheinbar zur gleichen Zeit am gleichen Ort, Wie soll
ich sagen: Es hat sich etwas vermischt, was nicht zusammen gehört. Das ist ein Teil der
Phase des Oszillierens der Zeit. Alles findet auch nicht genau jetzt statt. Es gibt gar kein
Jetzt!· Da ich genau jetzt die Nase von Opas Geschwafel voll habe, schalte ich ihn ab. Er
hat einen Schalter am Rücken. Ich habe es bemerkt, als er auf die Toilette ging. Es war
so ein kleiner Kippschalter wie an meiner Kaffeemaschine. Er sinkt in sich zusammen,
und ich stopfe ihn in das aufgerissene, nach Schimmel riechende Sofa. Eine
Verzweiflungstat!

4. Immer wieder zieht es ihn nach Hause. Als ob dort etwas auf ihn warten würde.
Jemand, etwas, ein Anruf, ein Brief. Die Feier ist trostlos wie immer. Er lauscht den
Geschichten der Verwandtschaft, ihre Sorgen und Erlebnissen. Manchmal möchte er
sich einmischen, aber sie reden zu viel und zu schnell. Und sie wechseln laufend das
Thema. Zu Hause wartet seine Katze, falls sie da ist, und eben dieses Ungewisse. Eine
Information, ja! Vielleicht wartet eine sehr wichtige Information auf ihn, und wenn er
die verpasst, verpasst er alles. Als er zum Tresen geht, um ein Taxi zu bestellen, wird er
von Monika angesprochen. ·Na, wie geht´s, du bist so ruhig heute?· ·Ach, mir ist nicht
so nach Feiern, bin etwas müde.· ·Ich habe dich kürzlich mal versucht anzurufen, du

bist ja nie zu Hause!· ·Wann war das denn?· ·Weiß nicht mehr genau, vielleicht vor
einer Woche.· ·Ich bin nur abends zu Hause, und wenn ich in der Küche oder im
Schlafzimmer bin, höre ich das Telefon nicht.· Sie berichtet über einen neuen Wurf
Kätzchen und darüber, dass sie die Mietz nun endlich mal sterilisieren lassen wollen.
Er denkt über sein Telefon nach. Ja, er hat das Gerät zur Reparatur gebracht und als Ersatz so ein altes grünes DDR-Telefon erhalten. Ohne Anrufbeantworter. Er sollte jetzt
dringend los! Er tritt vor die Tür des Lokals und weiß nicht, wohin er sich wenden soll.
Wo ist der Taxistand? Vier Richtungen zur Auswahl, alle unbestimmt. Irgendwoher
kommt ein Taxi. Er hält es an und steigt ein. ·Wir fahren zuerst zum Geldautomaten
und dann weiter in den 'Braukeller'.· Es ist schon nach Neun. Die Musik in der Kneipe
ist laut, es riecht muffig, kaum Leute da, doch am Tresen steht Sophia. Sophia hat er 18
Jahre nicht gesehen. Sie hat sich verändert. ·Mensch, Sophia, bist du's wirklich!?· ·Ah,
hallo, was machst du denn hier?· ·Ich dachte ich schau mal rein, damit ich dich nicht
verpasse. Das wäre ein Verlust, den ganzen Abend ohne dich!· ·Ich dachte mir, dass du
vorbeikommst, ich hätte noch gewartet.· ·Weißt du noch, als wir...· ·Nein, ich weiß von
nichts mehr von früher, wir sollten uns um das Jetzt kümmern!· Sie brennt sich die
nächste Zigarette an und raucht in tiefen Zügen. Ihre Hand mit der Zigarette sinkt nie
weiter als zwanzig Zentimeter vom Mund herab. Ihr Gesicht ist ernst und die Augen
leicht zusammengekniffen. Die schmale Form ihrer Lippen hat etwas Hartes. Sie
drückt die Zigarette aus und spricht nun doch von früher. ·Ich hatte mir gewünscht,
damals in diesem Keller in der Schule, du hättest mich angefasst und geküsst. · Ich war
vier Jahre in Italien mit einem Mann zusammen, der mich geschlagen hat. Ich habe
ihn geliebt, bis er eines Tages verschwunden ist. Nein, er hat mich nicht verlassen. Wir
haben ihn gesucht, in seinem Büro haben wir angefangen. Weißt du, was seltsam war?
Er ist aus dem Büro verschwunden, obwohl jemand vor der Tür gewartet hat. Es gibt
keinen Hinterausgang, und das Büro liegt im elften Stock. Ich habe ein Jahr auf ihn
gewartet und bin dann zurückgekommen. Seitdem bin ich oft hier und warte. Nur
dass ich jetzt nicht mehr weiß, worauf. Deshalb wirst du jetzt bei mir bleiben und
keinen Schritt von meiner Seite weichen.· Sie nimmt langsam, ohne jede unnötige
Bewegung die nächste Zigarette aus der Schachtel. Er will hinaus, schnell. Er läuft los
und findet sch auf der Straße wieder. Hinter ihm wird halbblaut gesprochen.
Erschrocken dreht er sich um und stolpert beinahe über den ausgemergelten Mann,
der auf den Stufen des Kneipeneinganges sitzt. Die Tür ist verschlossen. Rostige
Ketten, von einem blitzenden Schloss zusammengehalten. Kein Licht, keine Musik.
Zerschlagene Fenster, Graffiti, das ganze Haus ist dunkel und leer. Plötzlich bleibt er
wie angewurzelt stehen. Der dünne Mann wiederholt immer die gleichen Worte:

·Mein Büro liegt im elften Stock, dritte Tür rechts.·

5. Früher hätte das passieren müssen, viel früher! Er hält den Brief in den Händen, auf den er die letzten Tage vergeblich gewartet hat. Der Absender: ·Gemeindeverwaltung; Friedhofsamt·. Die haben damals Opa begraben, zehn Jahre später auch die Großmutter. Aber jetzt hat das keinen Sinn mehr. Alles, was er erfahren könnte, würde nichts an den Tatsachen ändern. Sein Opa lebte. Wie soll man den Einfluss, den Opa´s sporadische Anwesenheit hinterlässt, anders begründen als mit Leben? Ja, man könnte natürlich denken, ein hinreichend Geisteskranker rede sich das alles nur ein, und wenn sich ein Geisteskranker etwas nur fest genug einredet, handelt er auch danach. Er denkt über Geisteskrankheiten nach und lässt den Brief ungeöffnet.

6. In den letzten Tagen ist nichts Außergewöhnliches mehr passiert. Um sieben Uhr früh ist er in Richtung Dorf aufgebrochen. Eine wunderbare Wanderung. Als er ankommt, taucht die Mittagssonne den Friedhof in helles, warmes Licht. Er findet das Grab auf Anhieb. Es macht einen gepflegten Eindruck, schlicht, wie sein Opa eben war. Es ist richtig gemütlich hier. Die Kirchturmglocke schlägt. Er schaut hinauf: halb zwölf. Hinter einer Hecke steht Großmutter mit einem Strauß Blumen in der Hand. Margeriten aus ihrem Garten. Es ist wirklich höchste Zeit nach Hause zu gehen!

track 08

TIME SOLDIERS
von Paul Frühauf

"Der Inquisitor kommt"
Der Ruf hallten durch die verlassenen Gassen, den Burgberg hinauf und direkt in die Verliese tief im Berg. Das Mädchen hatte Angst, furchtbare Angst. Sie sah auf die Haare, die in einer Ecke am Boden lagen - ihre Haare, lang und feuerrot waren sie gewesen, bevor man sie als Hexe eingesperrt hatte.
Schwere Schritte kamen näher. Sie drückte sich in eine Ecke, in den Schatten an die feuchte, kalte Wand, aber es nützte nichts. Grobe Hände zerrten sie ans Tageslicht.
Der Inquisitor grinste.
"Ich spürte es heute Morgen, als ich mich erhob. Gesteh', Hexe!"
Der Junge, der sie immer nur angestarrt hatte, stand plötzlich neben ihr.
Er drängte sie zurück.
"Wie lautet die Anklage, Inquisitor?"
"Wer bistet du, der du so mit dem Gesandten Eurer Heiligkeit Gregors XIII zu sprechen wagst?"
"Ich bin der Teufel!", schrie der Junge, doch schon war er von Händen gepackt, die seinen auf den Rücken verdreht.
"Sie sind schuldig. Alle beide. Richtet sie. Aber vorher will ich das Geständnis hören. Hure, gib zu, dass du in der Walpurgisnacht mit dem Teufel selbst schliefst!"
Er schlug ein Kreuz.
"Ich gestehe nichts! Und spucke dir ins Gesicht, Mörder! Dass deine Seele in der Hölle schmore, doch meine soll in den Flammen gereinigt werden!"
Das Mädchen spuckte vor sich auf den Boden.
Sie wurden an einen Pfahl gebunden, Rücken an Rücken. So nahe war er ihr nie gewesen, außer im Traum.
"Ich liebe dich", keuchte er, bevor die Schmerzen unerträglich wurden. Mühsam wandte er noch einmal den Kopf, drehte seinen Körper, um sie noch einmal zu sehen. Aber ihr Gesicht war schwarz, aufgeplatzt und schmerzverzerrt. Einen Schrei lang schrie er nicht vor Schmerz, dann hüllte ihn gnädige Bewusstlosigkeit ein. Doch der Blick aus den sterbenden, aber noch immer wie Juwelen glitzernden grünen Augen verfolgte ihn auch dann noch, als endgültige Schwärze herrschte.

Schon von weitem sah er sie, wie sie mit einem Eimer in Richtung des Dorfbrunnens ging - direkt auf ihn zu, seine Augen in ihren.
Sie ging an ihm vorbei, ohne ihn zu begrüßen.
Er wollte ihr schon nachlaufen, als vom Dorfeingang her ein Lärm anschwoll, der nur vom Boten kommen konnte. Tatsächlich, hier ritt er unter dem Gejohle der Dorfbevölkerung ein! Endlich, nach fast 1 Jahr, kam er wieder!
Der kleine, kräftige Junge mit den schwarzen Haaren ließ seine Holzlast fallen und lief dem Reiter nach auf den Dorfplatz. Flüchtig sah er auch sie, sie hatte nach immer ihren groben Holzeimer in der Hand, dessen Gewicht sie auf die eine Seite zog.
Der Bote hatte abgesattelt und rollte ein langes Papier aus. Warum war er nur nicht auf einer Burg! Dort kamen jeden Monat fahrende Minnesänger vorbei, aber hier, hier bekam man nie etwas Neues mit.
"Der ehrenwerte genuesische Kaufmann und Abenteurer Christopherus Colombo, unterwegs Im Auftrag der Königin Isabel von Kastilien, hat anno domini 1492, im Monat Oktober, einen Seeweg nach Indien gefunden, ohne des Kap zu umschiffen. Er segelte ...."
Der Junge fühlte, dass ein neues Zeitalter heraufdämmerte.

Er sah das Mädchen wieder, kurz bevor die ersten Kugeln in der Stadt einschlugen, die den neuen Tag ankündigten. Sie beachtete ihn natürlich nicht, wie immer, aber er musste ihr nachschauen - wunderschön!
Die Dänen rückten von Tag zu Tag näher, die Vorräte der Stadt waren fast aufgebraucht und streng rationiert. Der General hatte sein Wort nicht gehalten, der Nachschub, den er angekündigt hatte, war nie eingetroffen.
Momentan, so hieß es, hielte er sich in Weimar auf, um Gespräche mit den Dänen zu führen, aber der Junge glaubte es nicht. So oft war ihnen schon Hoffnung gemacht worden, immer wieder die reißerischen Parolen ausgegeben worden, und nie hatte es genutzt, nie hatte es die Armeen aufgehalten, die auf die Stadt zurückten.
Der Junge lief ihr hinterher. Ihr langes, rotes Haar flatterte im Wind, sie plagte sich mit einer sehr schweren Kiste ab, die irgendwelche Kleidungsstücke enthalten musste, den Fetzen nach zu urteilen, die überall hervorquollen.
"Kann ich dir helfen?"
Sie lächelte. Er spürte es, in dem Augenblick - sie musste wissen, wie er sie liebte.
"Ja, danke. Das ist sehr nett von dir!"
Grüne Augen funkelten ihn an. Ein Blitz durchzuckte ihn, als würde man ihn in flüssiges Eisen tauchen.

00:44

Sie schleppten die Kiste zu zweit zu ihrem Haus, einem ärmlichen, ganz außen an der Stadtmauer.

Sie schaute ihn tief an, als erkannte sie ihn auf irgend eine Weise auf andere Art, als sie sich ohnehin kannten.

Die Kugel traf genau zwischen ihnen auf, fetzte dem Jungen das Gesicht von den Knochen und trennte den Unterkörper des Mädchens von der Brust. Er fühlte noch, wie ein Auge aus der Höhle trat, dann war er tot.

Kurzes Erwachen. Gesichter.

"Er wird wach!"

Jemand drückte ihm ein feuchtes, kühles Tuch auf die Stirn.

"Den hat es ordentlich erwischt."

Eine andere, sanfte Stimme. Er kannte und liebte diese Stimme, ohne sie je gehört zu haben.

"Ich will dich heiraten", flüsterte er.

"Ich denke, er ist doch noch nicht so ganz ...."

"Lassen Sie ihn, Monsieur Gulot. Wir kennen uns, glaube ich. Ich werde ihn allein pflegen. Vielen Dank für Ihre Hilfe!"

Zeltplane. Er und sie allein.

Rote Haare. Feuerrot, wie die Feuer der - Inquisition?

Und hörte er nicht draußen die Geräusche einer Armee, die sich bereit macht?

"Ich muss die Stadt verteidigen!"

Der Junge hatte die Augen aufgerissen, starrte direkt in die ihren. Grün. Wie geschliffene Smaragde.

"Hier gibt es keine Stadt. Du hast Fieber, und das in der Wüste. Du fantasierst.", sagte sie leise und strich ihm über die schweißnasse Stirn.

"Wo bin ich?"

"Du bist in Ägypten, mein Freund. Weißt du nichts mehr?

"Oh doch. Ich erinnere mich an eine Stadt, an den General, an Kanonen - dann ist es aus."

"Welcher General? Der Dreißigjährige Krieg? Oh mein Gott ich habe es im Kopf, als hätte ich es selbst erlebt!"

Er versuchte zu lächeln, doch es schmerzte mit seinen spröden, aufgerissenen Lippen. Schwärze. Er hörte kurz jemanden weinen. Finsternis. Das Mädchen ging hinaus, um weiter mit Napoleons Armeen den Nil entlang zu ziehen. Er würde hier sicher sein, bis sie zurückkam. Der Junge träumte, träumte von einer Vergangenheit, einer Zukunft, der Ewigkeit. Wer war dieses Wesen? Woher kam sie? Wohin musste sie gehen?

Er schlief ein, um nie wieder zu erwachen.

Sie marschierte mit den Soldaten, immer weiter, immer weiter. Der Sand, der in ihm schweren Schuhe gekommen war, hatte die Haut abgescheuert bis auf das blanke Fleisch, jeder Schritt war ein verbissener Schrei. Die Sonne brannte senkrecht vom wolkenlosen Himmel, kein Lüftchen verschaffte der 18. Kompanie "La Belle", die sich gegen Süden quälte, ein wenig Linderung.

Und mit einem Schlag wurde die Wüste lebendig.

Flatternde Gewänder, die die Farbe des Sandes hatten, ebensolche verbissenen Gesichter. Sie zögerten nicht, machten keine Gefangenen. Dutzende starben im Ansturm, auf beiden Seiten. Doch die anderen waren in der Überzahl, ihre bloße Masse erdrückte die Kompanie. Zusammmegedrängt, nach allen Seiten feuernd, erwarteten sie des Ende. Am Schluss stand das Mädchen allein, allein in einem Meer von Toten und tödlich Verwundeten.

"Für wen soll ich jetzt kochen", schluchzte sie," und wer bringt mich nach Hause?"

Die Stille antwortete nicht, und so trat sie den langen Weg an, zurück nach Memphis. Wasserrauschen. Vogel zwitschern, unter ihr der Sand, der ewige unbeugsame Sand. Sie öffnete noch einmal die Augen, die sofort wieder austrockneten und sich von selbst schlossen. Der Sand hüllte sie ein, ...

Sie war es wieder. Er hatte sie schon einmal gesehen, doch er konnte sich nicht erinnern, wann es gewesen war. Grüne Augen, rote Haare, wie Lava, in der Moos wachsen konnte.

Sie schaute ihn merkwürdig an, so als hätte sie das selbe Gefühl bei ihm. Die Luft war warm, der Frühling hatte endlich über den Winter gesiegt im ewigen Kampf. Vögel sangen in den Asten der riesigen, uralten Bäume, die wohl schon Napoleons Feldzüge beobachtet hatten. Möglicherweise auch die Hexenverbrennungen, aber so weit wollte er nicht zurückdenken. Es schien ihm, als wäre all diese Zeit in ihm lebendig, aber irgendwie auch nicht. Wie durch einen dumpfen, fadenscheinigen Vorhang sah er sie, das Mädchen, die sie sich zu ihm umdrehte, mit schwarzem, zerstörtem Gesicht. Er ging zu ihr hin, ohne zu wissen, was er tat.

"Was wolltest du sagen, als wir damals an dem Pfahl standen?"

Sie blickte ihm in die Augen, dann schaute sie über ihre Schulter und auf beide Seiten.

"Meinst du mich?"

"Ja. Was wolltest du sagen?"

"Ich glaube, ich habe keine Ahnung, wovon du redest. Ich muss jetzt gehen, tut mir
leid"
Sie ging davon, ihre Haare wehten im Wind wie ein Leuchtfeuer. Als die Bäume sie ver-
schluckt hatten, überkam ihn ein Gefühl, das nur mit einem ordentlichen Alkohol-
rausch vergleichbar war.
"Ich liebe dich!", flüsterte er in den Wind, und sie drehte sich noch einmal um, bevor
ihre Gestalt völlig im Wald verschwunden war, lächelte ihn an und er wusste - sie verzieh ihm sein Benehmen.

Trommelfeuer. Es war des Schlimmste, die grauenhafteste Zermürbungswaffe, die es
gab. Das Dorf, das in der Sprache dieses Landes, das ihr fremd war, Le Tourie hieß, lag
schon fünf Tage unter diesem Feuer. Sieben der knapp einhundert Eingeschlossenen
(aber die Deutschen glaubten, es seien Tausende) hatten bereits Selbstmord begangen,
zehn waren in der kurzen Zeit völlig verrückt geworden und hatten um sich geschlagen. Der Metzger war mit jedem einzelnen in den dunklen Teil des Bunkers
gegangen und allein zu rückgekommen. Sein Messer hatte er immer am Schurz ab-
gewischt, mit diesem traurigen, resignierten Blick.
Der Junge war auch hier, der sie immer anstarrte, die ganze Zeit. Er saß oft da und
schaute ihr nach, wie sie ging, wie sie aß, und auch wenn sie kurz in die dunkle Ecke
ging, um ihre Notdurft zu verrichten. Er sagte nie etwas.
"Was sollen wir tun?"
Die alte Frau, angelehnt an die Wand, wimmerte den ganzen Tag vor sich hin. Sie
konnte nicht aufstehen, da ihr eine Granate beide Beine abgetrennt hatte. Es war ihnen
gelungen, das Blut zu stillen, indem sie Gürtel um ihre Oberschenkel banden und den
Lebenssaft abdrehten.
Die Stummel steckten in schmutzigen, stinkenden Lappen, nur zu dem Zweck, dass
die Leute sie nicht den ganzen Tag ansehen mussten.
"Wir werden sterben - sterben - ster........"
Ihre Stimme ging im neuerlich einsetzenden Trommelfeuer unter, das sich
über die Stadt ergoss wie ein glühender Vorhang. Viel war ohnehin nicht mehr zu
zerstören an der Oberfläche, als sie hinuntergegangen waren, hatte noch ein Haus im
ganzen Dorf aufrecht gestanden. Aber sie wollten die Leute haben, sie wollten den
Triumph auskosten, wenn sich wieder ein französischer
Ort ergeben hatte.
Gestern hatten sie oben Soldaten gehört, die mit Stöcken im Geröll herumstocherten,
um eventuelle Überlebende zu finden. Sie hatten keinen Erfolg gehabt, die Flüche, die

sie ausstießen, waren zumindest der Tonart verständlich.

Die alte Frau wimmerte noch immer, als eine Pause im Feuer die Köpfe, tief eingesunken, auffahren ließ.

Es war still. Wie schon seit fünf Tagen nicht mehr eine einzige Minute.

Einige Leute standen auf, begannen das Wenige, das sie gerettet hatten, zusammenzupacken.

Der Metzger, der älteste und kräftigste Mann im Bunker, schlich mit seinem langen Messer in der Hand zu der Tür, die erhöht und durch einige Stufen erreichbar knapp unter der Oberfläche lag.

"Hoffen wir, dass sie nicht verschüttet ist!", rief er leise nach unten.

Der Junge war plötzlich neben ihr und nahm ihre Hand. Sie drückte ein wenig zu, ein Zeichen, dass es ihr nicht unangenehm war.

Der Metzger öffnete. Die Tor flog nach innen, eine Salve aus einem Maschinengewehr durchlöcherte den Mann. Er kullerte die Stufen herunter, mit offenen noch feuchten Augen.

"Wir haben sie!", schrie der deutsche Soldat, der in der Tür stand und auf die Leute zielte, über seine Schulter hinweg.

Der Junge sprang ihn an, nahm drei Stufen auf einmal. Doch der Soldat war schneller und tötete ihn. Der Junge, klein, kräftig gebaut und ziemlich dunkel, flog auf die Leiche des Metzgers.

Das Mädchen beugte sich über ihn, ohne sich um die Befehle des Soldaten zu kümmern. Er brüllte herum, schrie sie an, sie solle den Jungen - aber sie ignorierte ihn solange, bis er es als Provokation auffasste.

Der Soldat ließ sich nicht lange ärgern, er schoss dem Mädchen von der Seite in den Körper. Sie stürzte, lebte aber noch. Auge in Auge mit dem Jungen, zwei Zentimeter von seinem Gesicht entfernt.

"Ich liebe dich auch", sagte sie, bevor sie starb.

Es war der verdammte Sturm, der sie zwang, die Anzüge zu tragen. Er fraß sich durch alles und jedes, außer durch eine ziemlich neue Legierung. Alles, was nicht damit überzogen war, verschwand innerhalb von Minuten, sobald die ersten Windböen begannen, die sich innerhalb von Minuten zu einem rasenden Sandsturm entwickelten, der mit dem Sand der Griechischen Wüste alles kurz und klein fräste.

Sie war dort. Dort, zehn Meter vor ihm. Er erkannte ihren Gang und sah direkt, wie sich die grünen Augen in dem polarisierten Visier spiegeln mussten. Es blies schon den ganzen Tag, und heute roch er durch den Flur Schwefeliges. Der Geruch war beinahe obszön. Der Sand kam heute mit 230 waagrecht von Westen, und die Menschen, welche unbedingt Geschäfte zu erledigen hatten, arbeiteten sich mit eingezogenen Köpfen und ausgefahrenen Sandablenkern an den Griffen entlang, die entlang der Straßengeländer angebracht waren.

Am Ende der Straße bog ein Auto mit unglaublicher Geschwindigkeit um die Ecke, schlitterte, kam wieder gerade und raste weiter in seine Richtung. Zu spät sah er, dass der Wahnsinnige auf das Mädchen zielte. Er erwischte sie,

der Junge rannte zu ihr hin. Sie lag auf dem Bauch. Das Auto wendete, um noch einen Anlauf zu machen. Er drehte sie um und schrie auf. Auf ihrem Gesicht war keinerlei Fleisch mehr, der blanke Knochen schaute hervor.

Beißender, stinkender Rauch stieg auf, der ihn in einer Weise, die er nie mehr haben wollte, an Schaschlik erinnerte. Ihre Augen waren fort, aber sie sprach noch.

"Wie oft noch?"

Er konnte sehen, wie der Sand die letzten Reste ihres Nasenknorpels wegkochte, er hörte sogar das leise Zischen unter dem Tosen des Sturmes, trotzdem der Wagen jetzt mit sehr hoher Geschwindigkeit herankam.

Er nahm sie in die Arme und küsste sie auf die Stirn, wobei er den Knochen mit seinem Glasvisier berührte. Dann kam des Auto und zermalmte ihn unter den Reifen, die ebenfalls mit der Legierung überzogen waren.

"Aber nie wieder", wisperte er noch, bevor er starb, und es schien ihm, als hätte sie verstanden.

Dunkelphase. Schweben. Sterne?

"Ich bin wieder da!"

Er stand auf, ohne sich um das leichte Schwindelgefühl zu kümmern, das ihn leicht nach rechts drängte. Coriolis? Er hatte das Wort nie gehört, aber - irgendwie wusste er auch, wo er war. Er trat an eines der dunklen Fenster.

Unten, in der Ecke des Fensters, war gerade noch ein Streifen einer blauen Kugel zu sehen, die aber rasch verschwand.

Automatisch gingen versteckte, indirekte Lichter an. Er ging hinaus, die Tür öffnete sich automatisch vor ihm. Kein Mensch, kein Laut außer einem kaum hörbaren metallischen Zischen, das rund um ihn herum zu sein schien.

Er ging den Gang entlang, der vor ihm leicht nach oben zu führen schien.

Er kam an einer Konsole vorbei, wo ein grünes Licht blinkte, instinktiv, als hätte er das schon immer gemacht, drückte er einen Knopf, das Blinken hörte auf und brannte konstant.

Bei einem der Aufzüge blieb er und bellte einen Befehl - dass dies genau die Tonart war, auf die der Chip reagieren konnte, war ihm nicht klar. Die Tür öffnete sich, eine künstliche Stimme fragte, wohin er denn wolle.

"Brücke"

Der Lift zischte ab, ohne dass er feststellen konnte, in welche Richtung.

"Wie geht es Ihnen, Sir?"

"Danke, es geht. Aber ich will nicht sprechen"

Die Stimme schwieg.

Als der Lift stehenblieb, die Tür sich wieder öffnete, stand er in einem dunklen Raum, dem durch Tausende von Lichtern eine schwüle, rötliche Atmosphäre verliehen wurde. Ein riesiger Stuhl stand in der Mitte vor einem großen, dunklen Bildschirm, den Rücken ihm zugewandt.

Er trat ein, der Lift fuhr wieder ab, zu Aufgaben, die der Junge sich nicht vorstellen konnte.

"Wir sind die Letzten"

Der Stuhl drehte sich, darin saß - sie. Die langen roten Haare hatte sie zum Pferdeschwanz gebunden, der über ihre linke Schulter hing und dessen Haare sich über ihre gesamte Brust verteilten. Diese Augen, die ihn durch Jahrhunderte verfolgt zu haben schienen, glitzerten noch

'Wer bist du?', fragte er ruhig, "aber dass wir uns kennen, des weiß ich."

"1ch heiße - Eva. Wer bist du denn, ich habe dich nur in Erinnerung, ein Gesicht, als Mensch, aber niemals als Name."

"Adam. Sie nannten mich nur Adam, aber ich bin mir da nicht sicher. Wie kommen wir hierher?"

Wir sind die letzten, Adam. Die letzten einer ganzen Rasse ...."

Sie drückte einen Schalter in der Sessellehne, der Bildschirm wurde hell. Der Anblick schien auf den ersten Blick normal, aber eben nur auf den ersten.

Man sah einen Planeten, der vermutlich die Erde war. Die Meere waren noch immer blau und grün, aber die Kontinente: Nordamerika und Europa waren tiefrot, Asien, Australien, Nordafrika glühten dunkelrot in der Dunkelheit. Im Golf war ein gigantischer Krater - hier musste es das Öl erwischt haben.

"Alle Menschen sind tot, Adam. Und die, die noch leben, werden bald sterben, wenn sich Radioaktivität und der Nukleare Winter ausbreiten."

"Sie haben es getan, was? Sie haben endlich ihre Bomben verwenden können, die Idioten"

"Ja, mein Freund. Wir haben den Kelch jetzt, Adam und Eva, wie der Anfang, so das Ende."

"Was tun wir? Die Station meldet, dass genug Treibstoff vorhanden ist, um mit dem ganzen Ding in drei Jahren zum Mars zu fliegen - dafür wurde sie gebaut. Auf dem Mars werden dann automatisch Blaualgen abgeworfen, die innerhalb eines Jahrzehnts die Atmosphäre mit 10% Sauerstoff anreichern

sollen - nicht unser Standard, wird beide werden immer Masken tragen müssen.

Aber unsere Kinder, sie werden sich daran gewöhnen. Sie werden die Vorteile von Tausenden von Elternpaaren haben, an Bord befindet sich ein voll automatisches genetisches Labor. Eine neue Rasse, ohne Makel, ohne Fehler .... und eines Tages werden sie nach oben sehen, in einer der kalten Marsnächte, wenn die Temperatur unter minus 50 Grad sinkt, und einen blauen

Stern sehen, der näher scheint als die anderen. Sie werden es fühlen, Adam, woher sie kamen."

Er nahm sie in den Arm, und gemeinsam sahen sie, ihre Heimat unter ihnen zurücksank, in der Dunkelheit verschwand und sich auflöste.

track 09

WARTEN AUF STARTFREIGABE
WIR ALLE SIND NUR EINE NUMMER
von Johannes Seipel

Der Warteraum glich einem Hangar. Riesig und ungemütlich. Viele Menschen auf vielen Stühlen. Wartend, hoffend auf baldige Starterlaubnis. Irgendwann nach Irgendwo. Selbst wenn's nach Nirgendwo ins Niemandsland ginge. Nur endlich abheben dürfen und fort. Für immer! Hier fiel das Atmen schwer. Die Luft war stickig. Mit feinsten Tröpfchen Schweiß gesättigt.

An der Tür hockte eine kleine, schmale Frau. Das magere Gesicht - wie frisch gekalkt. Große Augen in tiefen Höhlen. Neben ihr ein junger, schlaksiger Mann. Müde, mit gesenktem Kopf und geschlossenen Augen hing er auf seinem Stuhl. Einem Überbleibsel aus letzter sozialistischer Kunststoffproduktion. Die anderen Gesichter: Masken. Verschlossen. Ohne Ausdruck und Teilnahme.

Hier waren also nicht nur die Fenster trüb. Auch die Augen. Ohne Glanz. Genommen durch Sorgen und Ungewissheiten. Hier schien Leben tiefgefroren. Zwischengelagert - zur späteren Verwendung. Vielleicht ...! Deshalb wohl keine Worte. Und auch die Wände waren stumm. Klar! Trotzdem lechzten sie nach frischer Farbe. Besonders dort, wo einmal Bilder hingen. Große Sprüche prangten vom Ein- und Überholen. Jetzt erhob sich jemand. Vertrat sich die Beine. Die alten Dielen knarrten dazu: "Wir sind nicht mehr jung! Doch immer noch bereit!" Was immer sie damit auch sagen wollten, es war allemal besser als das Schweigen der Menschen die sie noch trugen. Deren dumpfes. Hoffnungsloses.

Doch da gab es auch noch die Lautsprecher. Nun aber ohne: "Auferstanden aus Ruinen ...", ohne Worte von einer sieg- und ruhmreichen Armee, von Waffenbrüderschaft und unverbrüchlicher Freundschaft.

Statt wie früherer Parolen zu verkünden, riefen sie jetzt eine Nummer auf. Bestellten diese in ein Zimmer. Dann wieder Grabesstille. Lastend. Bedrückend.

Als die aufgerufene Nummer den Warteraum wieder betrat, lagen ihre Augen noch tiefer in den Höhlen. Die Gesichtshaut: inzwischen grau geworden. Die Lippen: nur noch ein dünner Strich. Warte, warte noch ein Weilchen, schien die Nummer den Zurückbleibenden sagen zu wollen, als sie sich noch einmal umwandte. Dann verließ sie das Amt, dass ihr auch dieses Mal keine Arbeit hatte geben können.

track 10

AUS DER KURVE
von Frank Fischer

Er stand am Fenster. Es war heiss, stickig. "Ich öffne jetzt das Fenster", dachte er und bewegte dabei seine Hand zum Griff. "Ich drehe den Griff", dachte er, während er den Griff drehte. Es machte ihm Angst, dass er alles denken musste, was er tat. Aber immerhin, er konnte sich noch bewegen. Er schwitzte, war unruhig. Stand auf und ging umher. Er atmete. Er hatte Angst, dass er vergessen könnte, zu atmen. Er würde erstarren, so wie die Welt hier um ihn herum erstarrt war. Sie lebte, wenn er sich bewegte.
Er musste in Bewegung bleiben. Er tigerte durch die Wohnung, von einem Zimmer zum anderen. Zwischendrin schaute er aus dem Fenster. Nicht nach hinten, auf den Garten im Hinterhof, wie sonst immer, sondern nach vorne, auf die Strasse, wo sich etwas regte, die Lichter der Autos pausenlos unter dem schwarzen Himmel dahin zogen. Von dort spürte er Ruhe kommen, seltsame Ruhe. Die Bewegung der Welt draußen nahm ihm etwas ab. Er merkte, wie seine Gedanken abbrachen, einfach aufhörten, mitten drin, wie sie ihr Ziel verfehlten, Haken schlugen, ins Leere liefen, wie er sich dauernd neu aufraffen musste, ohne sein gedankliches Ziel zu erreichen. Im Sessel sitzen, in seinem Lieblingssessel, in dem er herrlich bequem einsank, die Beine hochgelegt, das war jetzt unmöglich. Als er sich heute morgen in gewohnter Weise setzen wollte, verlor er den Boden, verlor sich im Sessel, versank. Er war heilfroh, als er sich wieder herausgearbeitet hatte. Zutiefst über das Geschehene erschrocken lief er in der Wohnung umher, von einem Zimmer zum anderen, konnte sich kaum beruhigen. Jetzt war es 3 Uhr morgens, aber schlafen konnte er nicht, schon seit Tagen nicht mehr. Er tigerte durch die Wohnung, wusste nicht, was tun, im Bett liegen, aufbleiben, etwas essen, nicht essen? Sitzen, stehen, laufen? Er konnte selbst kleinste Dinge nicht mehr entscheiden. Er hätte sich eine Struktur gewünscht, einen Rhythmus, wie den der Strasse draußen vor dem Fenster, wo die Autos vorbeizogen, Tag und Nacht, ohne Ende.
Tanja schlief nebenan, er ging an die Türe, hörte ihre Atemzüge. Sie war auch komisch geworden, fremd, anders, hatte ihn oft so eigen angeschaut, wenn sie dachte, er merke es nicht, aber er merkte es, er merkte viel mehr als früher, alles war anders, Zeit und Raum zerfielen, er hatte diese Dinge oft erzählt bekommen, noch vor Wochen, als er in der Klinik Gespräche führte, er hatte sich selbst vor Augen, sah sich wie in einem Film, sah sich sprechen, verständnisvoll zuhören, erklären, nur dass er es jetzt war, der diese

Dinge erlebte, nichtssagend auf einmal alle Erklärungen, die schönen klugen Gedanken, sie rutschten weg von ihm, eine andere Welt, die Schlüssel passten nicht, jedenfalls nicht bei ihm, bei ihm war es wirklich so, keine Krankheit, nein, es war Wirklichkeit, so erlebte er es.

Die Autos durchfuhren die schwarze Nacht, so konnte er ruhig sein. Am Morgen zog einer die Decke, das Himmelslicht brachte Entspannung, aber dann kam der Vogel, deckenschwarz schlug er an die Scheibe, torkelte über das Sims, flatterte durch das halbgeöffnete Fenster ins Zimmer.

Er hatte Angst vor dem schwarzen Vogel. Der Vogel auch, er flatterte, knallte von innen gegen die Scheibe, torkelte wieder, suchte unter dem Tisch Zuflucht, dann unter dem Schrank, blieb unruhig, hin und her. Jetzt traute er sich, griff nach dem Vogel, der sich unruhig entzog, er erwischte ihn nicht, verschob den Schrank, der Vogel flüchtete unter das Bett, er steigerte sich in seiner Unruhe, der Vogel trug sein Gesicht, schrie ihm zu "fliehe", immer wieder "fliehe", er schrie auch, Tanja stürzte ins Zimmer, zog ihn an sich, fest lagen ihre Arme auf ihm, ihr Herz schlug wie das des Vogels, er musste nicht mehr auf sein eigenes achten. So kannte er sie, sie war seine Tanja, er konnte tiefer atmen, sie streichelte ihn, "du musst in die Klinik, du weißt es", sagte sie, es klang von weit weg, drohend, so wie in den letzten Tagen ihre seltsamen Blicke, das war es. Im Aufnahmegespräch sagte er wenig, er hielt sich an Tanja fest, sie sprach viel, alles war so weit weg. Er mochte sie nicht loslassen, war aber bald alleine, ein leerer Raum, nur eine Matratze am Boden. Vor dem Fenster ein Rollo, die Lamellen geöffnet. Draußen Nebel, alte Bäume, kein Leben, keine Autos, er musste also leben, tigerte wieder, vom Fenster zur Tür, von der Tür zum Fenster. Es klopfte, ein Mann trat ein. Er trug etwas vor sich her, hielt es ihm hin. "Haldol-Tropfen", sagte der Mann auffordernd. Er kannte die Worte, aber verstand nicht den Sinn. Die Hand kam nahe, zu nahe, er trat zurück, was sollte das, der Mann folgte, er hörte den schwarzen Vogel schreien, "flieh-flieh", er schlug nach der Hand, die Tropfen spritzten durch die Luft, etwas fiel auf den Boden, verschwand. Er suchte es, aber fand nichts. Auch der Mann verließ den Raum.

Er atmete auf, eine Pause, ein kurzer Moment, Ruhe ohne Ruhe, er musste weiter umher gehen, konnte nicht auf der Matratze liegen, von der Türe zum Fenster, vom Fenster zur Türe. Die Wände weiß. Quälende Leere, unerträgliche Stille. In Bewegung bleiben, nicht nachlassen. Draußen schrie wieder der Vogel. Er schaute nach ihm, konnte ihn nicht entdecken. Aber sein "Flieh-flieh" hörte er deutlich. Dann wurde es plötzlich still. Ganz still. Auch der Vogel verstummte. Draußen war Unruhe, halblaute Worte, er verstand nichts, aber es kroch durch die Türe, da kam etwas, da brauten sich Menschen zusammen. Er fröstelte, es würde kommen, er wusste es, seit er ein Kind war wusste er es, irgendwann würden sie ihn erwischen, so wie damals im Traum, als er flog, ein Vogel mit verschnittenen Flügeln, nur immer so hoch, dass sie ihn gerade verfehlten, aber nach wenigen Metern sank er wieder, näherte sich dem Boden, die Verfolger ganz dicht auf den Fersen, er hatte keine Chance, sprang wieder hoch, lächerliche Meter, die anderen ganz dicht hinter ihm. Er wusste, dass er träumte, aber es nützte ihm nichts, die Angst blieb, der Traum endete nicht, er blieb verstrickt, sank wieder ab, vermeinte schon, die fassenden Hände zu spüren. Damals immerhin gab es ein Erwachen, einen Ausstieg, ein Auftauchen in das Licht des Bewusstseins, auch wenn darunter der Kampf weiter ging, die Hetze nie endete, hier aber gab es keinen Halt, der Boden war keiner. Erst als Erwachsener endeten diese Traumjagden, als er in zwei aufeinander folgenden Nächten in verschiedenen Träumen wirklich fliehen konnte, den Verfolgern in einem Auto entkam und eine Ausfallstrasse durch den Wald jagte, die ganze Meute hinter sich lassend, schließlich am Ende der Nacht einsam auf einer freien Strasse aus dem Wald heraus in die aufgehende Sonne fahrend. Als er nach diesem Traum aufgewacht war, wusste er, dass eine Zeit abgelaufen war, eine Neue beginnen konnte. Und was lief hier ab? Wieder war er gefangen in einer Welt, die ihn bedrohte, die er nicht verstand. Das unklare Zusammengedräue vor der Türe schwoll an, brach ein ins leere kahle Zimmer, viele Männer und Frauen drängten hinein, sprachen nicht, schauten zu Boden, alle bis auf eine, die redete auf ihn ein, aber er verstand keine Worte mehr, sie glitten an ihm vorbei, und dann griff jede Hand nach ihm, er wurde auf den Boden gedrückt und konnte nichts mehr rühren. Er spürte den Stich der Spritze, während die Frau redete und redete. Der Kampf war zu Ende. Er gab auf. Es war ohnehin alles verloren. Er erschlaffte. Die Frau sagte noch etwas zu ihm, dann zogen sich die Hände von ihm zurück, alle auf einmal, die Gesichter schienen erleichtert, verließen schweigend den Raum. Der letzte machte die Türe zu. Er blieb liegen. Es war ganz still. Er konnte den Vogel wieder hören. "Flieh-flieh", kam es, ersterbend, von weit weg. Er hörte ihm nach, bald verstummte die Stimme ganz. Er wurde ruhiger, die Lider schwer, erhob sich, schwankte, setzte sich wieder, streckte sich auf der Matratze aus, vermisste ein Kissen, schlief ein, bewegte sich dabei hin und her. Der Pfleger legte eine Decke über ihn, zog ihm im Halbschlaf die Schuhe aus. Dann ließen sie ihn.

track 11

DER EINDRINGLING
von Heiko Paulheim

Mit dem Tageslicht verging auch die Einsamkeit. Das war immer so gewesen.

Kate hatte noch einige Seiten des Romans gelesen, den sie vergangene Woche am Bahnhofskiosk gekauft hatte, als der Eilzug wieder einmal hoffnungslos verspätet und die Illustrierte ausgelesen war. Sie gehörte zu der Sorte Menschen, die ein Buch auch dann aus der Hand legen können, wenn es noch so spannend ist, und ihre Konzentration war nach einigen Gläsern Wein auch nicht mehr die Beste. Sie konnte schlecht einschlafen, wenn sie sich nicht ablenkte. Das Fernsehen mit seiner Reizflut wühlte sie immer eher auf, als dass es ihr half, und Musik konnte sie auch nicht hören, weil sie dann immer so angespannt auf jedes Detail achtete, dass sie einfach nicht müde werden wollte - das Schicksal eines jeden Menschen, der ein großes Wissen über Musik hat.

Manchmal wünschte sich Kate, sie könnte die Musik wieder so hören wie damals als Kind. Als sie noch ein Kind war, gab es nur schöne und unschöne Musik. Sie hatte die Musik der siebziger Jahre geliebt · Deep Purple, Pink Floyd, Jimi Hendrix · und sie hatte sich nichts sehnlicher gewünscht, als elektrische Gitarre spielen zu können. Mit vier Jahren klimperte sie bereits die ersten Kinderlieder auf dem Klavier ihres Vaters, mit sechs konnte sie Noten lesen, und mit dreizehn Jahren hatte sie als Sängerin der Schülerband das erste Mal auf der Bühne gestanden. Heute zerfiel die Musik nur noch in Takte und Synkopen, Harmonien und Akkorde, Motive und Variationen. Kate hatte zwar unheimlich viel über Musik gelernt, aber dafür hatte sie die Fähigkeit eingebüßt, die Musik als Ganzes wahrzunehmen anstatt als Summe ihrer Bestandteile

Mit dem Tageslicht verging auch die Einsamkeit. Das war immer so gewesen.

Wer war der Mann, der sie im Club angesprochen hatte? Eigentlich hatte sie nur ein paar Gläser Wein trinken und dem Jazz-Trio zuhören wollen. Der Wein ließ die Musik das sein, was sie war. Kate war schön, und sie zog sich gern vorteilhaft an, aber sie war alles andere als auf Männerfang. Dennoch hatte sie ihm ihre Telefonnummer gegeben · ob es am Wein lag oder an seinen Augen, konnte sie nicht sagen. Jetzt war Kate müde, und der

Geruch des Clubs haftete an ihr. Sie mochte es nicht, wenn ihr Körper und ihre Haare nach kaltem Rauch rochen, aber sie war zum Duschen zu faul gewesen. Außerdem würde dann nächste Woche garantiert wieder eine Beschwerde von den Nachbarn bei ihr im Briefkasten liegen. Vom Wein wurde sie immer müde, und wenn sie schon einmal müde war, wollte sie das auch ausnutzen, bevor sie wieder die halbe Nacht wachlag. Denn mit dem Tageslicht verging auch die Einsamkeit.

Er hatte nicht angerufen.

Ja, Kate war einsam. Besonders, seit Seth fort war. Es schmerzt, wenn man sein halbes Leben mit einem Menschen teilt, und plötzlich ist er fort, und man ahnt, dass er nie zurückkehren wird.

Kate löschte das Licht. Die Spannung des Romans war fast unerträglich, aber ihr fielen die Augen fast zu. In ihren Ohren hallte das Motiv der letzten Zugabe des Jazz-Trios nach · warum spielte eigentlich jedes Jazz-Ensemble "Take Five"? · und im Geiste improvisierte sie wilde Melodiebögen über das unruhige Begleitmotiv. Und dann stellte sich wieder dieses Gefühl ein, das sie jeden Abend beschlich. Mit dem Tageslicht verging auch die Einsamkeit. Das war immer so gewesen.

Viel hatten sie nicht geredet. Der Mann schien echtes Interesse an ihr gefunden zu haben · so echt, wie das Interesse eines Mannes an einer Frau nach einigen Glas Bier eben ist · und Kate wollte Wein trinken und Jazzmusik hören. Er hatte sie zu einem Glas eingeladen, und dann zu einem weiteren, und Kate hatte nichts dagegen gehabt, schließlich sah er nicht schlecht aus und hatte zudem noch eine sympathische Stimme.
Er hatte nicht angerufen.

Die Digitalanzeige des Weckers, der Stereoanlage und des Videorecorders sowie das schwache Leuchten der Straßenlaterne schufen eher Raum für Schatten, als Licht zu werfen. Kates Augen wanderten durch das Schlafzimmer. Es war spartanisch eingerichtet und bot nicht viele uneinsehbare Winkel, dennoch schuf die diffuse Beleuchtung große Bereiche, in denen bloße Schwärze herrschte. Und dann war da noch der Raum unter ihrem Bett, der einem Einbrecher ein gutes Versteck bieten würde. Von den anderen Räumen der Wohnung gar nicht zu reden. Der Wein löste die Schatten aus den Ecken und ließ sie durch das Zimmer wandern · mit dem Tageslicht verging auch die Einsamkeit.

War das immer so gewesen? Solange Kate denken konnte, hatte sie sich vor der Dunkelheit gefürchtet. Ihre Eltern mussten die Tür zu ihrem Schlafzimmer immer halb offen lassen, und sie hatte lange darauf bestanden, ihre Nachttischlampe bis zum Einschlafen brennen lassen zu dürfen.

Und lange Zeit hatte Seth ihr in der Dunkelheit Trost gespendet. Aber Seth war nicht mehr bei ihr.

Der Mann aus dem Club hatte nicht angerufen. Er kannte ihre Telefonnummer, sie kannte nicht einmal seinen Namen. Sie war nicht auf Männerfang gewesen. Irgendwie wünschte sie sich, jetzt in seinen Armen zu liegen. Allerdings würde sie sowieso die ganze Zeit nur an Seth denken können. Es hatte sie viele Therapiesitzungen gekostet, bis sie Seth aus Ihrem Kopf vertrieben hatte. Nächtelang hatte sie geweint, nur geweint, und ihr Vater hatte sich Sorgen gemacht und immer neue Therapiestunden bezahlt. Vergessen würde sie ihn nie. Auch heute verging kaum ein Augenblick, in dem sie nicht an ihn dachte.

Obwohl Kate ihr Doppelbett mit niemandem zu teilte, schlief sie immer auf der dem Fenster zugewandten Hälfte. Sie mochte es zwar nicht, wenn die Sonnenstrahlen sie im Sommer schon früh aus dem Schlaf kitzelten, aber dennoch fühlte sie sich auf dieser Seite wohler. Und sie wollte bereit sein, falls Seth zurückkehren sollte. Das war immer so gewesen.
Kates Mutter war ein übervorsichtiger Mensch gewesen. Sie hatte sie noch in die Schule gebracht, als sie schon in der vierten Klasse war und deswegen ausgelacht wurde. Hatte ihr beigebracht, dass man von Fremden keine Süßigkeiten annimmt, dass man abends nicht allein durch die Straßen geht, dass man den Schlüssel in der Haustür zweimal umdreht, wenn man geht, und dass eigentlich jeder Mensch als potentieller Feind zu sehen ist. Kates Mutter hatte nicht viele Freunde gehabt, und auf ihrer Beerdigung waren nicht viele Menschen, die meisten waren Pflichtgäste aus der näheren Verwandtschaft. Und Seth. Seth, der sie in ihrer Trauer in den Arm genommen hatte, der ihr die Tränen aus dem Gesicht gewischt hatte, der sie gestützt hatte, als sie vor dem Grab beinahe zusammengebrochen war, als sie mit ihrer zitternden Hand nach der kleinen Schaufel mit Erde gegriffen hatte.

Kate hatte von ihrer Mutter gelernt, was Angst war. Wenn man lange genug die Haustür zweimal hinter sich abschließt, muss man zwangsläufig irgendwann glauben, dass da jemand ist, der einbrechen will. Wenn man keinen Grund für sein Handeln sieht, wird man irgendwann schizophren, also schafft man sich Gründe. Dort draußen wartete jemand auf Kate. Vielleicht war er sogar schon in der Wohnung. Mit dem Tageslicht verging auch die Einsamkeit. Das war immer so gewesen.

Seth hatte sich immer über Kates Mutter lustig gemacht. Seth ließ die Tür oft nur hinter sich ins Schloss fallen. War allein zur Schule gegangen, hatte von Fremden Süßigkeiten genommen. Hatte auf Brückengeländern balanciert, sich nachts allein in den Straßen herumgetrieben und im vierten Stockwerk auf dem Fensterbrett gesessen. War bei Rot über die Ampel gegangen. War irgendwann aus ihrem Blickfeld verschwunden.

Kate zog sich die Decke bis über den Kopf, so weit, dass sie gerade noch atmen konnte. Wie jeden Abend verging die Einsamkeit mit dem Tageslicht, und sie war nicht mehr allein. Ein leichter Schauer lief ihr über den Rücken und die Arme, und sie griff fester nach der Decke. Es gab viele dunkle Winkel in ihrem Zimmer, und das alte Haus war voller Laute, von denen sie nur zum Teil wusste, was ihr Ursprung war. Sie kannte das Knacken der Heizungsrohre und das Rumpeln des Wäschetrockners im Keller, den wohl wieder jemand abzustellen vergessen hatte und der nun die ganze Nacht laufen würde. Kate kannte das Ächzen der Dielenbohlen, das Klappern der Briefkästen und das Zittern der Fernsehantennen im Wind. Aber das waren nicht alle Geräusche. Und es gab dunkle Winkel in ihrem Zimmer. Das war immer so gewesen.

Kate war gerade halb eingeschlafen, als sie durch ein Geräusch aufschreckte. War da gerade die Haustür ins Schloss gefallen? Und wenn ja, wer konnte das sein? Sie wohnte in einem Mietshaus mit fünf anderen Mietparteien, aber sie war mit ihren 29 Jahren bei weitem die Jüngste, alle anderen waren entweder Rentner oder würden es in ein paar Jahren sein. Aus der Disco kam jetzt sicherlich niemand mehr nach Hause. Sie hatte regelmäßig Ärger mit ihren Nachbarn und mit dem Vermieter, weil sie sich weigerte, um zehn Uhr schon ins Bett zu gehen wie die anderen Mieter, und weil das Haus so hellhörig war, dass offenbar selbst ein auf Zimmerlautstärke eingestellter Fernseher oder eine plätschernde Dusche die Nachbarn am Schlafen hinderte. Sie lauschte.

Er hatte nicht angerufen.

Die Tür war ins Schloss gefallen, aber da waren keine Schritte, weder im Hausflur noch draußen auf dem Gehweg. Sie sehnte sich nach Seth. Er hatte sie immer vor der Dunkelheit beschützt.

Wie Seth jetzt wohl aussehen mochte? Das letzte Mal, dass sie ihn gesehen hatte, lag gut fünfzehn Jahre zurück. Ob sie ihn überhaupt wiedererkennen würde? Sie konnte nicht sagen, warum, aber sie war sich sehr sicher, dass er sie wiedererkennen würde. Sie hatte lange gewartet, sehr lange, aber Seth war nicht zurückgekommen. Ein Geräusch im Treppenhaus. Nicht wirklich das Geräusch von Schritten, eher das Geräusch von jemandem, der versucht, das Geräusch von Schritten zu vermeiden. Kate hatte gute Ohren, und da war eindeutig jemand im Treppenhaus. Sie zitterte.

Wenn schon nicht Seth, dann wenigstens der Mann aus dem Club. Ihr wäre im Moment jeder starke Arm recht gewesen, der sich beschützend um sie legen würde. Wer immer dort draußen im Treppenhaus war, so war sie sich sicher, war ihretwegen hier. Mit dem Tageslicht verging auch die Einsamkeit. Das war immer so gewesen.

Die Geräusche bewegten sich durch das Treppenhaus. Kate konnte sie inzwischen genauer einordnen · das leise Tapsen von Gymnastikschuhen. Von Schuhen, die jemand trägt, der keine Geräusche hinterlassen will. Kaum jemand anders hätte diese Schritte wohl gehört, aber Kate hörte fast alles. Sie hatte auch das Ächzen der Balken im Dachgeschoss gehört, als sie damals von der Schule nach Hause gekommen war. Ihr Vater war zum Schichtdienst in der Fabrik gewesen, und sie war gemeinsam mit Seth nach oben auf den staubigen Dachboden geklettert.

Die Schritte stoppten auf ihrer Etage. Die Wohnung gegenüber stand seit einigen Wochen leer, also konnte es der Eindringling nur auf sie abgesehen haben. Lange Zeit rührten sich die Geräusche nicht.

Wirkliche Angst verspürte sie nicht, denn sie war es gewohnt, dass sie in der Dunkelheit selten allein war, denn mit dem Tageslicht verging auch die Einsamkeit, das war immer so gewesen. Und einen großen Teil der übrigen Angst tilgte der Wein.

Schon als Kate vier war, hatte sich ihre Mutter große Sorgen um sie gemacht, weil sie immer mit dem Fremden sprach, den nur sie sehen konnte. Der Arzt hatte ihr damals erzählt, dass es für Kinder in ihrem Alter völlig normal war, imaginäre Freunde zu haben. Imaginäre Freunde. Für Kate war dieser Ausdruck eine der intensivsten Kindheitserinnerungen. Er bedeutete heimliche Diskussionen ihrer Eltern hinter vorgehaltener Hand, kritische Blicke von Lehrern, endloses Sitzen in Wartezimmern. Doch Seth war geblieben, und in gleichem Maße, wie er für sie immer mehr zum Freund und Beschützer wurde, war er für ihre Eltern immer mehr ein Problem geworden.

Erneut schreckte Kate auf. Wieder war da ein Geräusch, diesmal an ihrer Wohnungstür. Sie drehte sich in ihrem Bett um und zog die Schublade ihres Nachtspinds auf. Ihr Revolver war geladen. Ihre Mutter hatte ihr beigebracht, sich zu schützen. Ein Knacken drang von der Wohnungstür an ihr Ohr. Kate stellte sich mit dem Gesicht zur Schlafzimmertür und zielte. Sie hörte, wie ein Stück Draht klackend im Türschloss einen Widerstand suchte und fand, wie die Wohnungstür behutsam geöffnet und wieder geschlossen wurde. Kates stand voller Anspannung vor ihrem Bett und ließ die Augen nicht von der Tür.

Er hatte nicht angerufen.

Seit jenem Nachmittag hatte Kate nie wieder wirkliche Angst verspürt. Seth und sie waren die Leiter zum Dachboden hinaufgeklettert, die Luke hatte offengestanden. Kate musste husten, als der Staub in ihre Kehle drang, aber das Husten wandelte sich in einen Schrei. Er hatte nicht angerufen. Die Tür zu ihrem Schlafzimmer öffnete sich. Kate zog den Abzug ihres Revolvers durch und zielte.

Er hatte nicht angerufen.

Er hatte nicht angerufen.

Natürlich hatte er nicht angerufen! Natürlich hatte er ihr einen Wein nach dem anderen ausgegeben! Mit ihrer Telefonnummer war es ihm ein leichtes, ihre Adresse herauszubekommen, und eine halbbetrunkene Frau würde wohl kaum Widerstand leisten!

Kate drückte ab. Der Mann konnte nicht einmal mehr schreien.

Ihr Therapeut hatte zu ihrem Vater gesagt, dass sie nur noch ein paar Therapiesitzungen brauchen würde. Doch nach jenem Nachmittag, als sie ihre Mutter gefunden hatte, wie sie tot am Dachbalken hing, hatte es keine Heilung mehr gegeben. Seth war zwar fortgegangen, aber er hatte in ihrem Herzen immer weitergelebt. Und sie hatte nicht aufgehört zu hoffen, dass er zurückkehren würde.

***

Als die ersten Sonnenstrahlen durch die Jalousien drangen, saß Kate noch immer weinend auf der Bettkante und schaute auf den Leichnam hinab. Wie hatte sie Seth das nur antun können?

Mit dem Tageslicht kehrte auch die Einsamkeit zurück. Das war immer so gewesen.

track 12

ULTRA VIOLENT SUN BLOCK
von Sina Lehnert

Ultra Violent Sun Block, stand auf seinem T-Shirt. In großen Lettern - blau. Und weil Helen ihm gerade mal bis zur Brust ging, hatte sie gar keine andere Wahl, als darauf zu starren. Ultra Violent Sun Block tropfte es langsam in ihr Gehirn. Diese vier Wörter brachten es einfach auf den Punkt. Der Lichtschutzfaktor war zu hoch. Sonst hätte er schon lange ihr Strahlen bemerkt. Vielleicht hatte er das ja auch. Sonst wären sie nicht gemeinsam heute in diesem Club gelandet. Als gute Freunde blablabla. Sie konnte es fast schon nicht mehr hören. Hallo, das ist die falsche Reihenfolge! Dieser Satz ist ein Mädchenprivileg! Aber vielleicht sonnte er sich nunmal auch gern, ohne sich zu verbrennen. Durfte er ja auch nicht. Irgendwo in dieser Stadt, die nachts noch heller leuchtet als der Mond, saß schließlich seine Freundin. Die Gute. Die vor vier Wochen gewonnene.

Die blöde Schlampe, dachte Helen nur. Aber vielleicht war das alles ja auch nur eine Ausrede. Manchmal zweifelte sie daran, dass Roland wirklich eine Freundin hatte. Schließlich schickte er ihr doch dauernd so nette SMS auf ihr Handy, telefonierte und schäkerte ohne Unterlass mit ihr und war doch....vergeben. Vergebens war das hier! Sie sah sich um. Es war großartig wie jeden Freitag, hier in dem besten Club der Stadt. Ihrem Wohnzimmer. Hätte Boris Becker nicht schon Wimbledon für sich gepachtet, er hätte sicher hier sein zweites Zuhause gefunden. An den Wänden hingen seltsam kitschige Leuchter aus den Siebziger Jahren, fiese Glasbausteine trennten die Bar von der Tanzfläche und aus den Lautsprechern rieselte gute englische Popmusik. In ihren Augen war es das Paradies. Nur fehlte eben Adam.

Da vorne stand Tom. Tom war einfach umwerfend. Der liebe Gott musste einen verdammt guten Tag gehabt haben, als er Tom designte. Das Gesicht schien makellos, dunkle Haare, hohe Wangenknochen und einen Blick, der jedes Mädchen im Umkreis von drei Meilen feucht werden ließ. Auch Helen war dagegen nicht gewappnet. Immerhin, Tom war für sie nicht unnahbar. Er kannte ihren Namen, grüßte sie, und wenn sie nicht alles täuschte, war er heute schon zehnmal an ihr vorbeigehuscht. Um die Jacke abzugeben, sich ein Bier zu holen, Zigaretten zu kaufen. Und weiß der Himmel, was ihm sonst noch alles einfiel. Konnte das Zufall sein? Roland hatte schon gelacht. "Helen, Interesse hätte der schon." Ja sicher, genau wie an den beiden anderen

Mädchen, mit denen sich Tom gerade unterhielt und die vor ihm dahinschmolzen. Aber selbst wenn. Dieser Typ war ein Traum, ein lebendiger griechischer Gott, nur eben in der dunkelhaarigen Version. Und was sollte Helen mit einem Traum anfangen? Sie wollte keinen Traum. Sie wollte keinen Freund, den sie anhimmeln konnte. Aus die Maus. Die Zeiten waren vorbei. Und warum redete sie eigentlich mit Roland über Tom? Wollte sie, dass er sich in Sicherheit wiegen konnte? Dass er bloß nicht auf die Idee kam, dass sie, die starke unabhängige Helen, das verzagte kleine Entlein, ihn zu ihrem Favoriten erklärt hatte? Mein Gott, wieso sah er aber auch nicht, dass sie das Paar des Jahrhunderts waren? Ein Paar wie Bonnie und Clyde, wie Cleopatra und Marc Anton, wie Helen und Roland eben. Helen war frustriert, sie musste tanzen. Robbie Williams war die einzige Kur. Robbie Williams und Blur. Robbie Williams, Blur und Fat Boy Slim. Right about now - funk soul brother - spiegeln wir uns wider in den Pixeln der Discokugel. Wir schwimmen im Meer und schwappen wie eine Welle über die Klippen des Song 2 - Wuhu. Come on let me entertain you! Sie war außer Atem und tanzte doch weiter gegen diese Wunde in ihrem Inneren an. Hier auf der Tanzfläche war sie der Star, und die Discokugel über ihr war ihr Liebhaber. Was scherten sie da die Männer dieser Welt. Hier mit der Musik konnte sie eins werden, zwischen den rempelnden Leuten, die alle nur das eine Ziel hatten. Heil zu werden an dieser Stelle, heil zu werden und sich als Eins zu spüren. Eins ohne zwei. Ich ohne Du. Wir, ihr, sie. Helen war glücklich. Sie spürte wie sich das Glück in ihrer Magengegend sammelte, wie es sich herunter zog bis in ihre Waden, wie es nach oben stieg und ihre Gedanken auslöschte. Glück! Pures Glück! Pures ungetrübtes Glück! Ein Arm schlang sich von hinten um sie herum. Eine Hand wanderte zu ihrem Bauch. "Guter Bauch." sagte Roland. Oh ja. Sie schmiegte sich an ihn. "Helen, ich geh jetzt." Sie wandte sich um. Sie sah seine blauen Augen, das spöttische Grinsen und diese netten leicht abstehenden Ohren. "Okay, dann raus hier! Verschwinde!" entfuhr es ihr. Jetzt lachte der Spott auch aus seinen Augen: "Helen, ich kenn dich. Bei mir wirkt das nicht. Ich bin nämlich gut. Und ich bin dir ebenbürtig." Ja, eben. Ultra Violent Sun Block. Und dann blieb die Zeit plötzlich stehen. Er beugte sich zu ihr herunter, hob sie vom Boden auf und wirbelte sie im Kreis. Eine Runde, eine zweite und immer weiter. Sie kniff die Augen zu, jauchzte, und als sie die Augen für einen kurzen Moment öffnete, waren da lauter Gesichter die sie anlachten. Oben, unten, überall. Sie spürte wie ihre Beine sich den Zentrifugalkräften hingaben und gegen einen Tanzenden klatschten. Aber das war egal. Rundrum im Kreis, der Preis ist heiß, die Zeit entgleist. Jetzt reichts.
Als er sie wieder absetzte, konnte sie vor lauter Lachen kaum noch stehen. Spätestens

jetzt war ihr von ihm schwindelig. Aber er hatte seine Jacke bereits angezogen. Helen würde wie immer alleine ihren Weg nach Hause durch die Nacht finden. Aber sie war sich sicher: auch ein Lichtschutzfaktor würde einmal aufhören zu wirken.

track 13

DELIRIEN (IN V AKTEN)
von Christoph M.Mühlmann

I.
dein menschsein
macht mich lieben
gehen zu nächtlich
aug in aug
einander
noch still verrückte
renaissance
II.
worte
sprechend
rollen
III.
köpfe voll kind bald
totgefahren die strassen
hinunter
herzspiel
schon brach
umarmt
der städtische Himmel
IV.
nicht schlaf
mein wankender
himalajatanz
nicht schlaf
rötende
säufer von licht
V.
kamerad
ganz kuss

track 14

Andreas Rohden

Traum-Zeit-Kontinuum
- lebenslang dünt es der
Rauschemeer- Mähren- Erzählerin:
Bohrinselblinkig.

Haar im
Wind im Haar fühlt es sich,
nördlich an, südlich,
und ohne Namen
in Sand gemalt
bilden wir Lachen aus Gras.
Rauchgeschwader -
viele, manchmal wenige -
federn gegen die See;
eilen einer Perle entgegen die aus Mondhaut gewebt
in Kichern schwelgt.
Und nach Bernstein riecht.
Nach Salz.

ZEELAND

track 15

WENN DIE GEIGE VERSTUMMT
von Frank Randa

Warum der Mensch Musik mag, ist bekannt. Warum der Mensch Musik macht, ist schon umstrittener. Von den vielen Gründen, die für das Musizieren sprechen, ist einer, mit Begabung und einem unverwechselbaren Gefühl für Stimmungen und Harmonie ausgestattet Liebe, Ruhm und Luxus zu erringen. Bei alledem darf es auch nicht an Leidenschaft fehlen -fürs Leben und für die Musik.

Doch jegliches Talent und noch soviel Leidenschaft führen zu nichts, wenn nicht andere Menschen, die sein Publikum gewesen sind, ihr Erlebnis mit dem Musiker und seiner Kunst der Welt bekanntgeben und somit zuerst das Fundament und später die Möglichkeit des Fortbestehens seiner Karriere schaffen. Schweigt das Publikum, bleibt ein namenloser armer Schlucker zurück, der mit seinem Tod in Vergessenheit gerät. Es sei denn, das Ende gestaltet sich auf außergewöhnliche Weise, durch einen Mord zum Beispiel. Dies kann dazu führen, dass die Leute über den Mord noch länger sprechen als über den Lebtag des Gemeuchelten.

Begeht, anders herum betrachtet, so ein Musiker den Mord, wird in den Zeitungen vielleicht erwähnt, dass der Täter von Beruf Musiker war. Zu künstlerischem Weltruhm verhilft das aber kaum.

Mörder und Musiker haben offensichtlich mehr gemeinsam, als man denkt: Denn mit dem Mord und der Musik setzt sich das jeweils ausführende Individuum über Disharmonien des Seins hinweg und wird mit dem Akt der Vollziehung mit der Welt wieder eins.

Logischerweise dürfte jedem klar sein, dass die Unterschiede zwischen Mördern und Musikern überwiegen, und Françesco Kaltenstein hatte bestimmt nichts von einem Mörder.

Sein Leben verlief allerdings alles andere als harmonisch. Denn Françesco erblickte nicht wie andere Babies das Licht der Welt, im Gegenteil. Er wurde blind geboren. Zwar leben wir in einer Zeit, in der Behinderte ähnliche Chancen im Leben haben wie völlig Gesunde, doch konnte Françesco, wenn er sich mit anderen unterhielt, nie verstehen, dass sie mit einem Sinn ausgestattet waren, der ihm fehlte und ihnen erlaubte, absolut anders wahrzunehmen als er selbst. Das prägte Françesco und der Missmut darüber, ließ ihn sich von den Sehenden abwenden und seinem inneren

Licht folgen.

Wer diese Seelenlage nach einem derartigen Schicksalsschlag nicht nachvollziehen konnte, und eigentlich gelang das niemand, hielt ihn für einen komischen Kauz. Dabei hatte Françesco sein Leben nahezu genial eingerichtet, zu dem er lediglich im Winter menschliche Hilfe benötigte. In dieser Zeit lebte er mehr schlecht als recht in einer Bauernkate auf dem Lande bei seiner uralten Tante, die, da schon sehr früh verwitwet, ihr Schicksal mit dem seinen verband.

Im Frühsommer setzte er sich einen breitkrempigen schwarzen Hut auf, verstaute Geigenkasten und Zelt und zog -ein Pferd war unerschwinglich- mit seinem Esel, dieser war der Reiseführer, und seiner Katze, diese war die Beschützerin, übers Land, um ein wenig Geld zu verdienen. Alle drei hatten insofern eine eigentümliche Symbiose gebildet.

Der Esel besaß die Fähigkeit, seinen Herrn über Landstraßen mit traumwandlerischer Sicherheit zu einem Dorfgasthof zu tragen, wo auch manchmal gerade ein Fest stattfand. Es kam außerordentlich selten vor, dass er sich verlief, aber in so einem Fall warteten die drei gar nicht lange auf irgendeinen Landarbeiter, der den Esel am Zaum fasste und ihn mit dem blinden Mann entweder direkt zum Ziel oder wenigstens auf den rechten Weg führte.

Die Katze saß während ihrer Märsche auf der Kruppe ihres grauen Freundes und ließ sich die Sonne auf den Pelz scheinen. Ihr war die Aufgabe zugedacht, Ausschau nach Bösewichtern zu halten. Die Zeit der Straßenräuber war natürlich lange vorbei, jedoch kam es immer mal wieder vor, dass Kinder oder Jugendliche mit dem unorthodox anzuschauenden blinden Mann, der auf einem Esel durchs Land geritten kam, üble Scherze treiben oder Betrunkene Françesco Kaltenstein, der so anders war als sie, missionieren wollten. Diese und jene machten dann Bekanntschaft mit der Gewandtheit und Furchtlosigkeit der Katze, welche jedem Strolch mit dem Einsatz von Krallen und Zähnen sein gemeines Anliegen vergällte.

Waren die drei abends an einem Gasthof angelangt, fragte Françesco beim Wirt nach, ob er den Gästen für ein wenig Geld und Kost zum Tanz aufspielen durfte. Kaum ein Wirt schlug Françesco diesen Wunsch ab, denn Landleute sind ein uriges Volk, das gern feiert und Françesco sah in seinem ungewöhnlichen Aufzug so ungeheuerlich professionell aus, dass man ihm ohne Referenzen durchaus zutraute, dem Wirt eine umsatzfreudige Stimmung in den Saal zu zaubern. Und auch wenn zu einer Feier schon ein Orchester engagiert war, hatten die Musiker selten etwas dagegen. Konnten sie doch die Gelegenheit, ein wenig mehr Pause zu genießen, als vorgesehen, dafür nutzen, um der für den Abend Ausersehenen den Hof etwas intensiver zu machen oder einen Humpen mehr zu stemmen, als es ohne die Verstärkung durch Françesco möglich gewesen wäre.

Diesmal konnte Françesco schon im Mai sein Winterquartier verlassen. Der Esel trabte behaglich über Stock und Stein. Françesco saß entspannt auf seinem Rücken und sinnierte vor sich hin. Er überlegte sich gerade ein paar schöne Melodien, die er am Abend spielen wollte, doch hin und wieder durchschnitten für längere Zeit seine Gedanken den musischen Traum und blieben als Schnittwunden der Realität an Françescos Herzen kleben.

Sehr oft erlebte er es, dass er anfangs sehr gut bewirtet und herzlich aufgenommen, jedoch am Ende des Abends um die Gage geprellt wurde, weil alle Gäste gegangen waren. Stillschweigend verschwunden. Sogar der Wirt.

Immer wenn er die Geige absetzte, herrschte Totenstille im Saal. Dabei legte er jedes Mal seine ganze Seele in die Musik.

Warum hatten die Leute nicht den Mut, offen Kritik zu üben, warum gingen sie einfach und ließen den ahnungslosen Françesco stehen und weiter fiedeln? Etliche Male war er nach solchen Abenden weinend und niedergeschlagen durch die Nacht geritten. Warum, nur? Warum denn nur, ihr Leute!? Françesco spielte doch so schön. So schön wie es ist, für die Liebe zu sterben.

Aufgepasst! Eine Tonfolge von wahnsinnserregender Rhythmik durchzuckte sein Gehirn. Die musste er sich unbedingt merken. Und weiter im Trab, lieber grauer Esel.

Obacht wäre auch in anderer Hinsicht angebracht. Françesco ritt nämlich durch ein Gebiet, in dem schon seit Jahren eine gefährliche Erscheinung ihr Unwesen trieb und die als Tatort ausschließlich Gasthöfe heimsuchte. Die Polizei war rat- und machtlos. Ein solches Ausmaß an enthemmter Gewalt war bisher unbekannt gewesen.

Unabhängig ob Junge oder Alte, Männer oder Frauen, er ließ seine Opfer in einem Zustand totaler Verwüstung zurück. Da gab es ausgerenkte Glieder, deren Träger an einem qualvollen Wundschock verendeten, ausgestochene Augen, zum Wahnsinn Getriebene, die sich ihre Schädel an Wänden und Mauern einrannten und wenn man unter diesen Umständen davon sprechen darf, dass es ein Glück ist, ließ er einige Wenige zurück, denen aufgrund seiner Grausamkeiten das Herz stehen blieb, doch ansonsten ungeschoren blieben.

Was muss es für ein barbarischer Schmerz sein, wenn ein Mensch vor irrsinniger Pein so laut schreit, dass seine Stimmbänder reißen und andere sich deswegen die Finger abbissen, um sie sich in ihre Ohren zu rammen, auf dass es für immer still wird?

Nichtsdestotrotz wurde es Abend und das nächste Dorf war bestimmt nicht mehr weit. Die Sonne färbte ihr Antlitz rot, und wäre sie ein lebendiges Wesen, würde ein zufälliger Betrachter meinen, sie setze alles bis zum letzten Blutstropfen daran, ihren Tag der Nacht entgegenzustemmen.

Da hörte Françesco das einen Auftritt verheißende Stimmengewirr aus einem Dorfkrug und sein Esel faßte das Ziel mit forschem Tritt. Dem Wirt konnte schnell erklärt werden, was dieser seltsame Gast begehrt. Françesco wurde auf eine breite Kiste gestellt und aufgefordert zu spielen, wozu sich Françesco nicht lange bitten ließ, sind ihm doch auf seinem Weg hierher so viele schöne neue Melodien eingefallen.

Er begann mit einer Heimatmelodie. Es folgte ein Lied, eine zu Tönen gewordene Variante von Liebeskummer, das Françesco heiter und beschwingt enden ließ.

Ein Teil der Gäste unterbrach das Abendessen, um daraufhin noch sehr viel mehr zu bestellen, als sie für den Abend zu Essen gedachten. Ein paar Jungen wurden losgeschickt, um die Mädchen zu holen. Ohne große Worte zu verlieren, war vereinbart worden, heute ein rauschendes Fest zu feiern, und wenig später war der Gasthof voller Menschen, die aus Leibeskräften aßen und tranken, als würde es kein Morgen mehr geben. Von der aufkommenden Stimmung bemerkte Françesco nichts, denn wenn er musizierte, hörte er nur seine Geige.

Einem korpulenten Bauer, dem sein Sohn gegenübersaß, leuchteten rot die Wangen unterm schwarzen Scheitel. Flink zerlegte er mit einem Fischbesteck seine Speise, eine prächtige Forelle, und schlang die Bissen hektisch in sich hinein. Françesco fing gerade an, eine lebhafte, frivole Tanzmelodie zu spielen, als der Bauer mit dem Essen anhielt und mit seinen Fäusten den Rhythmus auf den Tisch hämmerte. Kurze Zeit später schoss eine heiße wollüstige Woge durch seinen Körper und er spürte hemmungslosen Übermut. Françescos Geigenbogen pfiff wie der Wind über die Saiten.

Unser Bauer war auf einmal so fröhlich, dass er jetzt mit seinem Fischbesteck dem Jungen in einem Anfall von Heiterkeit im Takt des Geigenspiels in die Augen stach, um ihn zu necken.

Weil sich dieser nicht mehr rührte, warf der Bauer das Fischbesteck in den Saal, griff seinen Fisch mit bloßen Händen und stopfte ihn sich in die Kehle. Die Luftröhre reagierte mit Unbehagen und einem stumpfen Hustenanfall. Bald war von ihm nur noch ein immer leiser werdendes Röcheln zu vernehmen.

In der Zwischenzeit zuckten immer mehr Leiber im Saal zum Spiel der Geige. Ihre Glieder verdrehten sich in den Gelenken bis sie erstarrten und leblose Körper unsymmetrische Haufen bildeten.

Françesco setzte zu einem getragenen, sentimentalen Stück an. Er spürte Fernweh dabei, die Weite und Frische grüner Wiesen, wie er sie sich vorstellte und seine Töne rauschten in einem Meer der Unendlichkeit, das durch zarte Wellen zu leben begann.

Eine alte Dame, seit Jahrzehnten nippte sie an dem Tresen hier das eine und andere Gläschen Likör, fühlte plötzlich diese Weite. Aus dem Nebel ihrer Erinnerung fegte Françescos Spiel den Schleier. Sie hörte von fern immer lauter werdende Schreie, die ihren Namen brüllten. Es war ihr Mann, und sie sah ihn deutlich vor sich und konnte nichts für ihn tun. Genau wie vor über fünfzig Jahren als er in den eisigen Fluten des Nordmeers ohne Gotterbarmen ertrank. Abrupt griff sie ihre Brust, das Gesicht färbte sich dunkelblau und mit tränenden Augen sank sie sanft vom Barhocker.

Françesco empfand, dass er heute besonders gut in Form war und spielte darum etwas länger. Als er nach zwei Stunden den Geigenbogen absetzte, lebte in diesem Gasthof keiner mehr. Um ihn herum war Stille wie so oft nach seinen Auftritten. Umsonst lauschte er nach Beifall oder wenigstens einem Wort der Anerkennung.

Missmutig packte er zusammen. Draußen bestieg er hungrig seinen Esel, koste traurig seine Katze, und hätte ihn nicht eine Laune Gottes um sein Augenlicht gebracht, würde er gesehen haben, was für ein mörderisch guter Geiger er ist.

track 16

WENDEPUNKTE
von Birgit Oldenburg

Mitten im Stadtpark stand ein Theater. Schon als Kind liebte ich das einhundert Jahre alte, im Jugendstil erbaute Gebäude, das wie ein kleiner Tempel aussah. Ein Sockelvorsprung, worauf Monumentalskulpturen standen, umrahmte das Haus. Schlingpflanzenmotive bedeckten die Mauern, die in meiner Phantasie zum Leben erwachten und weiterwuchsen. Über den Türbögen waren Ornamente aus Blumen und Weinreben gemeißelt. Manchmal stellte ich mich darunter, breitete die Arme aus und wünschte mir, dass die Blüten wie aus einem Füllhorn auf mich herunterregnen würden.
Ich weiß nicht, ob es etwas genutzt hatte; bald jedoch stellte sich heraus, dass ich tatsächlich beschenkt worden war: Mit musikalischen Gaben.
In einem Studium für Querflöte und Gesang versuchte ich mein Talent auszubilden - zu vervollkommnen. Durch Preise und Stipendien, die ich gewann, schien sich eine vielversprechende Zukunft vor mir auszubreiten.
Und genauso schnell drehte sich das Schicksalsrad wieder zurück, als meine Mutter starb. Ich bekam vor Kummer lebensbedrohliches Asthma, von dem ich mich lange Zeit nicht wieder erholen sollte. Meine Karriere war beendet, bevor sie richtig begonnen hatte.
Nach einer Umschulung als Sekretärin bewarb ich mich um eine ausgeschriebene Stelle in meinem Theater! Und als ich tatsächlich angenommen wurde, kannte mein Glück keine Grenzen. Erst später sollte ich erfahren, dass in diesem Büro noch keine Angestellte länger als ein Jahr geblieben ist – bis auf Ricarda und Silvia.
An einem kalten und sonnigen Novembertag fuhr ich mit dem Bus bis zur Haltestelle Stadtpark und ging von dort zu Fuß zu meinem neuen Arbeitsplatz.
Mein Atem dampfte in Wölkchen ein Stück vor mir her - und zerstieb in alle Winde, wenn ich durch ihn hindurchging.
Als ich die breiten Treppenstufen betrat, bemerkte ich, dass die Figuren im Laufe der Jahre beschädigt und die Ornamente von Umwelteinflüssen flach gewaschen waren. Zum ersten Mal fiel mir auf, dass die Hände und Fingerspitzen der Skulpturen bis unter das flache, hervorspringende Dach reichten. Manchmal wirkte der Gesichtsausdruck tragender Figuren gequält - aber diese hier sahen graziös und heiter aus. Als ob sie das Dach nicht abstützen, sondern hochheben wollten, damit die Kunst leichter

in die Welt hinausströmen konnte.

Ja! ... Noch immer übte dieser kleine Musentempel einen ganz besonderen Reiz auf mich aus.

Den Boden der Eingangshalle bedeckte ein roter Samtteppich und an den Wänden hingen alte – und neue - Plakate von berühmten Opern, Operetten und Schauspielen. Es roch nach Leim und Plüsch, Schminke - und Kaffee. Zwei Kassenschalter waren bereits erleuchtet, aber noch nicht besetzt. Als ich die Tür rechts davon öffnete, umfing mich wohltuende Wärme.

"Aha! Da ist sie ja!" schrie jemand laut hinter mir. Ich wirbelte zu einer ausgestreckten Hand herum. "Silvia..." die schmale Hand drückte kurz und kräftig. Spitz gefeilte und lackierte Fingernägel bohrten sich in meinen Handballen. "Wir duzen uns übrigens alle."

Hinter ihr tauchte Ricarda auf. "Hach, hier ist heute schon wieder was los", seufzte sie. Geziert lächelnd legte sie ihre Hand schlaff in die meine und überließ das Schütteln mir.

"Marian Grünewald", stellte ich mich vor, und zog meinen Mantel aus.

"Du kannst ihn hier hineinhängen." Ricarda deutete auf einen Wandschrank und anschließend auf einen Schreibtisch. "Das ist zukünftig dein Arbeitsplatz."

Ricarda saß links von mir – Theaterkasse 1 - und Silvia rechts – Theaterkasse 2 -. Hinter meinem Rücken war eine weitere Tür, die zu den Garderoben der Künstler und zum Bühnenraum führte.

"Ruf gleich mal den Bollmann an und frage ihn, wann er heute kommt. Und denk daran, den Chor auszuladen", gab Ricarda Silvia Anweisungen.

Eine Zeitlang mühte ich mich damit ab, meinen Drehstuhl auf die richtige Sitzhöhe zu bringen. Meine hüftlangen Haare, die an schimmernde Kastanien erinnerten, wurden mehrmals von den Rollen überfahren. Endlich hatte ich es geschafft und als ich Platz nahm, überragte ich beide Frauen um mindestens eine Kopflänge.

"Und du kannst gleich mal diese Karteikarten alphabetisch einsortieren." Weil Ricardas Stimme versagte, wies sie auf einen alten Holzkasten.

Gerd Winterthur, Ring C, las ich auf der zuoberst liegenden Karte. Abonnent seit mehreren Jahren. Beitrag gebucht. Was für ein überholtes System, dachte ich. Haben die keinen Computer? Verstohlen sah ich mich in dem Raum um – und tatsächlich, in einer Ecke stand ein alter Macintosh. Ich dachte an die modernen Rechner in den Umschulungsräumen und verzog das Gesicht.

Silvia schien meine Mimik anders zu deuten: "Ich hoffe, du hast keine Milbenallergie – hier ist nämlich einiges verstaubt. Deine Vorgängerin hat sich aus diesem Grund versetzen lassen. War wohl so ein kleines Mimöschen". Sie lachte schallend über sich selbst.

"Nein, nein... nur - in den letzten Monaten habe ich mit fortschrittlicheren Hilfsmitteln gearbeitet", klärte ich sie auf.

"Tatsächlich?" Ricardas Stimme klang spitz.

Silvia holte tief Luft. "Der alte Kasten macht unsere Buchführung noch recht gut – wir sollen demnächst aber ein neueres Gerät bekommen."

"Der Vogelhändler bin ich – ja...", sang eine Tenorstimme. Freude durchfuhr mich wie ein Stich: Die Zauberflöte war eine meiner Lieblingsopern. Gleich darauf wurde die Tür hinter mir aufgerissen. "Nanu, ein neues Gesicht?" sagte ein bemerkenswert gut aussehender, athletisch gebauter Mann mit sensiblen Mundzügen zu mir.

"Adrian! Sieht man dich auch noch mal?" brüllte Silvia dazwischen.

Ich stellte mich vor. "Spielen Sie den Papageno?" Ich konnte es mir nicht vorstellen: Eigentlich singt ein Bariton den Papageno. Und – er war zu hübsch für diese Rolle.

"Sieh mal einer an! Da kennt sich jemand aus... Nein, ich singe den Tamino. Darf ich mich vorstellen: Adrian Petrowski." Er nahm meine Hand und hauchte einen Kuss darauf.

Ich wurde verlegen wie ein Teenager: Ein Opernstar, der mir die Hand küsste...

Silvia ließ sich wie in Zeitlupe wieder auf ihren Bürostuhl sinken und sagte kein Wort mehr.

"Welche musikalischen Neigungen haben Sie?" fragte Adrian.

"Ich habe Gesang und Querflöte studiert" -

"Sie meint Blockflöte im Kirchenchor...", zischte Silvia Ricarda zu. Die kicherte.

"...das Studium aus Krankheitsgründen aber wieder aufgeben müssen", fuhr ich fort.

"Holla – eine Kollegin also...", freute sich Adrian.

"Richtig! K o l l e g i n! Du hast es erkannt..." Ricarda Gesicht wirkte maskenhaft. "Hier, Kollegin! Diese Seiten brauche ich bis morgen tipptopp abgeschrieben. Eilsache!". Sie drückte mir ein Manuskript von ungefähr dreißig eng beschriebenen Seiten in die Hand, das vor Verbesserungen und Fremdwörtern nur so strotzte.

Adrian verstummte und blickte irritiert in die Runde.

"Hast du schon gehört, dass die bunte Vögelin für heute die Probe abgesagt hat", rief Silvia ihm zu. Er setzte sich auf ihre Schreibtischecke.

"P a p a g e n a! – Kannst du dir den Namen nicht mal merken?"

"Doch - könnte ich schon. Aber ich will nicht! Ich finde diese Stottertante einfach widerlich. Papapapapapa... zu blöd!"

Adrian seufzte und stand auf. "Also, gut! Ich bin auf der Bühne. Störungen nur bei ganz wichtigen Anlässen. Klar?"

"Wann treffen wir uns mal wieder?" flüsterte Silvia ihm zu.

Adrian zögerte. "Ist momentan kein so günstiger Zeitpunkt. Ich muss ausgeruht sein - bald ist Premiere..."

In raschem Tempo schrieb ich den Text ins reine. Drei Stunden später übergab ich Ricarda das fein säuberlich geschriebene Manuskript.

Als ich zur Toilette ging, hörte ich durch die halbgeöffnete Tür des Theatersaals die Sopranstimme der Königin der Nacht und blieb wie gebannt stehen, lauschte und vergaß Zeit und Ort, stand im Zauberwald und sah Tamino mit seiner Zauberflöte in Sarastros Palast eindringen, um Pamina, seine Liebe, zu befreien.

Obwohl ich wieder ganz gut auf meinen eigenen Füßen stehen konnte, spürte ich doch eine uralte Sehnsucht in mir: Nach Befreiung, Erlösung – nach einem Retter...

Die feierlichen Klänge der Priester weckten mich aus meinen Träumen und ich beeilte mich, wieder an meinen Arbeitsplatz zu kommen.

Der Intendant des Theaters galt als Beschützer Ricardas. Jeden Morgen spielte sich das gleiche Ritual zwischen ihnen ab: Sobald Christian Schwarz zur Tür hereinkam, schimpfte Ricarda ausgiebig über Theatermitglieder, beklagte sich darüber, wie übel der Fagott-Spieler mit ihr umging und was eine Chorsängerin sich ihr gegenüber herausnahm. Christian beruhigte sie, indem er sie bemitleidete oder ebenfalls über die angeblichen Übeltäter schimpfte. Wenn er wieder fort war, gab Ricarda erst einmal wieder Ruhe.

Als ich aus dem Lagerraum kam, in dem ich nach einer Akte suchen sollte, hörte ich durch das geöffnete Kassenfenster bruchstückhaft Ricardas Kleinmädchenstimme: " – bin nicht so begeistert von ihr, ...kann sich nicht unterordnen, ...will dauernd im Mittelpunkt stehen, ...arbeitet sehr langsam, ...Manuskript vor einigen Tagen gegeben und bis heute noch nicht wieder." Wütend stieß sie hervor: "Ich glaube, die ist sich zu Schade für Schreibarbeiten!"

Als ich zur Tür hereinkam, drängte Ricarda sich schutzsuchend an Christian, der mich mit unfreundlichem Gesichtsausdruck ansah. Ich war fest davon überzeugt, dass gerade über mich gesprochen worden war.

Als Christian am nächsten Tag ins Büro kam, brüllte er sofort los: "Wo ist das Manuskript? Ich habe keine Lust, wochenlang darauf zu warten!" Dabei sah er mich nicht an.

"Was für ein Manuskript meinst du?" fragte ich ihn. "Ich habe doch – Ricarda fiel mir ins Wort. "Ach, hier habe ich es -", griff in ihre Schublade, holte die sauber beschriebenen Seiten heraus und drückte sie Christian in die Hand.

"...endlich", fügte sie hinzu, und verdrehte für einen kurzen Moment gespielt genervt die Augen.

Ich war so verblüfft über eine derartige Dreistigkeit, dass es mir die Sprache verschlug. Nachts wachte ich mit Kopfschmerzen auf und drehte mich hellwach im Bett herum. Am Morgen fühlte ich mich wie zerschlagen und ärgerte mich darüber: Seit ich den Tod meiner Mutter und meine anschließende Krankheit einigermaßen überwunden hatte, hatte ich kaum noch Schlafstörungen gehabt.

Die Angst vor einem Rückfall machte mich erneut krank!

Bald wurde ich von allen Seiten mit Arbeit geradezu überschüttet. Wenn ich schnell arbeitete, schlichen sich Fehler ein, die mir gnadenlos vorgehalten wurden. Arbeitete ich sorgfältiger, war ich zu langsam. Ich machte die bedrückende Erfahrung, dass Menschen sehr grausam und niederträchtig sein können.

Nach einigen Wochen bekam ich ernstzunehmende Erschöpfungszustände.

"Sie haben Depressionen", sagte der Arzt zu mir. "Sie müssen ihr Leben ändern..."

Er wusste nicht, wie zerstört meine Vergangenheit schon einmal war! Ich war verzweifelt! Woher sollte ich die Kraft nehmen, erneut mein Leben zu ändern?

Und - ich wollte nicht fort von hier: Ich liebte dieses kleine Theater seit meiner Kindheit...

Wie so häufig in letzter Zeit setzte ich mich nach Büroschluss, wenn abends keine Aufführungen waren, in den Zuschauerraum und sah bei den Proben zu:

Im Auftrag der Götter und im Namen der Menschheit verkünde ich dir, Tamino, dass für dich der Weg der Erleuchtung vorgesehen ist. Wenn du die harten Prüfungen bestehst, darfst du Pamina heiraten. Aber sei gewarnt – du könntest dabei dein Leben verlieren." "Ich fürchte den Tod nicht", sagte Tamino mutig. Und als erstes wurde ihm strengstes Redeverbot auferlegt. Nachdem Papageno ebenfalls eine Frau versprochen wurde, willigte auch er ein, den Weg der Erleuchtung zu gehen. Als die drei Damen der Königin erschienen und ihr rieten die Prüfungen abzubrechen da sie der Tod erwarte, brach Papageno sein Schweigen und plapperte munter drauflos. Tamino schwieg weiter..."

Leise entfernte ich mich aus dem dunklen Zuschauerraum und ging nach Hause.

Erstaunt bemerkte ich, dass mir Tränen die Wangen herunterliefen. Wie fremd ich mir geworden war... Ich hatte das Gefühl, dass ein Teil meiner Persönlichkeit sich abgespalten hatte und unerreichbar neben mir her lief.

Adrian wartete auf eine Gelegenheit, allein mit mir zu sprechen. "Du siehst so traurig aus..."

"Tja...", ich schaffte es nicht, ihm nicht in die Augen sehen.

"Das Orchester probt heute ohne uns. Ich möchte dich gerne zum Essen einladen. Hast du Lust?" fragte er.

Wir trafen uns in einem ruhigen Restaurant.

"Du bist oft bei den Proben..."

"Ja, ich bin sehr gerne dort."

"Trete ich dir sehr nahe, wenn ich dich frage, was der genaue Grund deines Abbruchs war?"

Wie aus Schleusen brach alles aus mir heraus. Zum Schluss weinte ich. "In diesem Büro stirbt meine Seele immer ein Stückchen mehr."

Adrian streichelte mir tröstend über die Hand. "Ich spüre, dass deine Seele wie eine unendlich blühende Pflanze ist. Nur manchmal welkt eine Blüte – als Zeichen für eine verarbeitete Lebenserfahrung. Doch es wachsen auch wieder neue nach." Adrian reichte mir ein Papiertaschentuch. "Ich kenne eine Gesangslehrerin, die eine besondere Atemtechnik lehrt. Einige Sänger mit Atemwegserkrankungen sind dadurch schon geheilt worden." Er gab mir eine Telefonnummer, und bald darauf machte ich einen Termin mit ihr aus.

Und bereits nach einigen Wochen stellte ich erstaunliche Fortschritte fest.

"Kann ich dich mal sprechen, Christian?" Er winkte mich in sein Büro. Der Stress der Erstaufführung der Zauberflöte war von ihm abgefallen. Die Vorstellung ging, nach zweimaliger Verlängerung, ihrem Ende entgegen.

"Setz dich bitte." Sein kühles, fast abweisende Verhalten mir gegenüber zeigte er nur, wenn sich Ricarda und Silvia in der Nähe aufhielten. Bei anderen Gelegenheiten verhielt er sich freundlicher.

"Es geht um meine Bürostelle..."

Christians tiefer Seufzer signalisierte, dass er die ewigen Querelen satt hatte.

"Willst du auch gehen? In den letzten acht Jahren wärst du dann die Zwanzigste." Nachdenklich, fast widerwillig, sprach er weiter. "Ricarda kann keine Konkurrenz ertragen; nur mit Menschen, die ihr gegenüber eine Beschützerrolle einnehmen, kommt sie klar. Und die, glaubt sie, kann sie dann leichter um den Finger wickeln..." Er lachte freudlos.

"Ricarda ist ein Grund. Ein weiterer Grund ist, das ich mein Musikstudium wieder aufnehmen möchte. Ich wollte dich fragen, ob ich abends in der Garderoben-Annahme arbeiten könnte, damit ich tagsüber Zeit für die Uni habe?"

Christian wusste nichts von meinem ersten Studium und war sehr überrascht. "Aber Ricarda und Silvia sagten doch...", er brach verlegen ab.

"Erzähle bitte niemandem etwas über meine Pläne", bat ich ihn.

Als meine beiden Kolleginnen erfuhren, dass ich zukünftig als Gardenrobenfrau arbeiten sollte, grinsten sie schadenfroh. Ich hatte einmal gehört, dass einem unbeliebten Mitarbeiter ein Stück stinkender Käse hinter die Schreibtischschublade geklebt worden war, der monatelang unentdeckt vor sich hinstank. Zu genau diesem Streich hätte ich jetzt größte Lust gehabt. Aber da ich andere Pläne hatte, grinste ich nur zurück, packte meine Sachen und nahm mir fest vor, all meine Hoffnung und Kraft für eine vielversprechende Zukunft einzusetzen.

track 17

- ohne Titel -
von Stephan Klement

Vor einigen Tagen stand ich nachts am Fenster meines Wohnzimmers,
und trank bei "Bone China" von "Mother Love
Bone" teuren Bourbon. Zwischendurch schien immer wieder die
Zeile "...let the summer - come again..." durch die ruhige,
in diesem Fall faszinierende Musik der Grunge- Vorreiter
der Bands Pearl Jam und Soundgarden, doch in meinem
Wohnzimmer schien nur eine einzelne blaue Kerze,
deren Flamme cholerisch von dem Rauch meiner Zigarette
in der Dunkelheit loderte.
Manche dieser Nächte sind erfüllte Träume, manifestierte
Sehnsüchte einsamer Tage voller falschem Leben, dunkle
Wolken und warmer Wind als Surrogat für unerlebte Freiheit.
Sie sind einfach wunderbar.
Ich vergesse dann immer alles um mich, was mich den ganzen
Tag bewegte, denke an die Träume von der unerfüllten Liebe,
an Küsse vergangener Frauengeschichten, an die Sehnsüchte
nach Freiheit, Erlösung aus der Gegenwart, den Sinn nach der
Freude auf die Zukunft, das alles in der Einsamkeit einer
Nacht und der Musik eines toten Sängers im Ohr.
Der Drink erfüllte seinen Zweck recht schnell, und ich
schenkte langsam in der Küche nach, während leise "Crown Of
Thorns" angestimmt wurde.
Als ich wieder ins Wohnzimmer ging erwischte ich den warmen
Wind, wie er sich an der Kerze zu schaffen machte, als wolle
er unerkannt in meinen dunklen Räumen nach dem Rechten
sehen.
Beschützend hielt ich eine Hand vor die Flamme, und sah
hinaus auf die Wolken über den Dächern meiner Stadt.
- Morgen sind alle Träume wieder tot, dachte ich. Bis zum
nächsten Abend.

Der Wind wurde wieder schwach, und mit der erst schützenden Hand nahm ich wieder das Glas, einen Schluck, eine Zigarette, und die programmierten Lieder fingen wieder von vorn an zu spielen.

Es schellte. Ich machte nicht auf. In den Wolken konnte ich Gesichter erkennen, und sie fesselten mich, dass ich mir nicht mal Gedanken darüber machte, wer so spät in der Nacht an meiner Tür stehen konnte.
Zwischen all den riesigen weißen und fantastischen Gebilden sah ich ein Gesicht mit sehr weiblichen Zügen und langen Haaren, und je länger ich sie betrachtete, umso weniger fiel mir auf, dass sie ihr Gesicht sich immer mehr zu mir drehte.
Langsam, sehr langsam, wahrscheinlich liefen die Lieder in der Zeit wieder von vorn durch.

Nach einem weiteren Gang zur Küche stellte ich meine Unsicherheit auf den Beinen fest. Es wirkte. Die trunkene Musik, der teure Bourbon, die immerwiederkehrende Nacht der Nächte - so oft erlebt und niemals gehasst.

Sie stand noch immer am Himmel, und ihr Gesicht wurde immer klarer, immer perfekter, immer hübscher. Sie war vollkommen, wahrlich vollkommen!
Eine Angst überkam mich. Die Angst, dieses vollkommene Wesen am Himmel zu verlieren, dabei wusste ich, dass sie endlich war und bald über den Dächern verschwunden sein würde.
Schnell holte ich die Flasche aus der Küche und lief zurück zum Fenster.
Da war sie noch immer, ein Stückchen weiter als gerade noch, aber sie war noch da.
Fast hatte ich sie hören können, wie sie zu mir sprach, aber vielleicht bildete ich mir das auch nur ein.

Ich schaute ihr noch lange zu, ihr vollkommenes Erscheinen,

bis sie gänzlich über den Dächern meiner Stadt verschwunden
war. Danach fing es an zu regnen und ich schloss das
Fenster, setzte mich für zwei Zigaretten und ein letztes
Glas vor die Anlage und wartete auf die nächste Nacht,
darauf, dass sie de Welt umrundet hatte und wieder an meinem
Fenster vorbeikam. Ich hatte endlich die vollendete Liebe
meines Lebens gefunden...

track 18

SCHLÄFT KATE?
von Klaus Schwingel

Es herrschte totale Finsternis. William dachte unwillkürlich an das absolute Dunkel äquatorialer Nächte, aber der Vergleich genügte ihm nicht. Dies war ein absolutes, schwarzes Nichts. Undurchdringliche, schwarze Unendlichkeit.
Die Beklemmung, die die Finsternis auslöste, wurde nur übertroffen von der Stille, die die drei Männer umgab.
William hatte sein rechtes Bein in einer Schlaufe verankert. Die voluminöse, großformatige Kamera hielt er behutsam an seinen Körper gepresst, während er sich von Zeit zu Zeit mit den Handrücken gegen die Bordwand abstützte. Mit dem Halt, den ihm die Schlaufe in seiner Kniekehle gab und dem Gegendruck der Handrücken hielt er seinen Körper in der Balance.

William dachte an Kate und die Kinder, deren Tag noch nicht begonnen hatte. Er überlegte, wie spät es jetzt bei ihnen sein mochte. In drei oder vier Stunden würde Kate die Kinder zur Schule bringen.

Er starrte in die Dunkelheit, schloss für wenige Sekunden die Augen und versuchte erneut die schwarze Nacht zu durchdringen.
"Da draußen ist Gott", hatte Frank gesagt, als sie vor einer Viertelstunde in die Finsternis eingetaucht waren. Seitdem hatten alle geschwiegen. Frank glaubte an Gott. Er hatte sogar eine Bibel dabei. Doch William versuchte sich an das zu halten, was er mit seinen Augen sehen und vielleicht mit dem Auge der Kamera bannen konnte. Er hielt seinen Blick in das Dunkel gerichtet und wartete auf ein Fenster in die Endlichkeit.

Die Kinder schliefen noch. Aber Kate? Konnte sie in dieser Stunde schlafen? William hatte Kates Blick in Erinnerung, in dem sich Zuversicht und Angst gemischt hatten. Sie wollte tapfer sein, aber ihr Lächeln war in Tränen erstickt. Schlief Kate jetzt?

Unvermittelt blitzte ein Lichtstrahl aus dem schwarzen Nichts, der wieder erlosch. Doch dann brach sich das Licht Bahn. Erneut zuckte ein gleißend heller Strahl hervor, der zunächst flackernd zu zögern schien, dann aber umso mächtiger aus der

Dunkelheit hervorbrach und William blendete. Ein Fixpunkt, der den suchenden Augen Orientierung gab, hatte damit begonnen, seine Spur in die Nacht zu zeichnen. Als die Blendung nachließ, war schemenhaft ein schmaler, sichelförmiger Lichtstreifen zu erkennen, der sehr rasch wuchs und klare Konturen annahm. Am unteren Rand der silbrigen Sichel bildeten sich Wölbungen und Einschnitte. Auf diesen Anblick war William vorbereitet. Dennoch zögerte er, seinen Augen zu trauen. War es wirklich gelungen? War dies der Augenblick ihres Triumphes?

Gebannt starrte er hinüber zu dem aufsteigenden Leuchten, das größer und mächtiger wurde und nun deutlich die Form eines Kreissegmentes annahm, einer zertrennten, kreisrunden Scheibe, deren größerer Teil freilich noch im Verborgenen blieb.

Sie hatten es geschafft! Vor ihnen erhob sich die Erde über dem nächtlichen Horizont des Mondes. William hörte das Jubeln der beiden Gefährten, aber er konnte den Blick nicht von dem Schauspiel lösen, das sich ihm bot. Und er hörte Franks Versuche, Verbindung mit der Bodenstation zu bekommen. "Könnt ihr uns verstehen?", rief Frank immer wieder in sein Mikrofon, "Hallo, Mission control! Wir haben es geschafft!"

William konnte kein Wort hervorbringen, kein Jubel, kein Wort der Erlösung. Er war gefesselt von dem Schauspiel, das sich seinen Augen bot. Von Sekunde zu Sekunde veränderte sich das Bild. Der Stern, der sich majestätisch über der Silhouette des Mondes erhob, leuchtete silbern, dann in wechselnden Farben. Er veränderte fortwährend sein Aussehen und erst allmählich beherrschte pastellfarbenes Blau die leuchtende Kugel. "Wir können euch sehen!", rief Frank, "wir können euch sehen. Hört ihr mich?"

Zum ersten Mal hatten Menschen den Mond umkreist. Die Berechnungen waren also richtig. Sie hatten zum richtigen Zeitpunkt die Raketen gezündet, um die Geschwindigkeit ihrer Sonde abzubremsen und waren wie vorgesehen in eine elliptische Umlaufbahn des Mondes gelangt.

Es war gelungen! Sie befanden sich im Orbit des Mondes. Sie waren die ersten Menschen, die die Schwerkraft der Erde verlassen hatten und sich nun aus 380.000 Kilometern Entfernung auf die Erde zu bewegten.

Die Schönheit der aufsteigenden, blauen Kugel hatte William überwältigt. Niemand hatte ihn zuvor auf diesen Anblick vorbereitet. Die Wissenschaftler der NASA, die doch so vieles vorauszuberechnen und vorherzusagen wussten, hatten dem Erscheinungsbild der Erde offenbar keine besondere Aufmerksamkeit gewidmet.

Der silberblaue Planet war binnen weniger Minuten über dem Horizont des Mondes emporgestiegen und erstrahlte nun, umgeben von der unendlichen Tiefe undurchdringlich, schwarzer Finsternis, in friedlicher Stille. Zum ersten Mal zeigte sich die Erde einem ihrer Bewohner in ihrer atemberaubenden Schönheit.

William ignorierte die Order der Bodenstation, die Mondoberfläche zu fotografieren, sobald es die Belichtungsverhältnisse erlaubten und richtete das Objektiv auf die Erde, die noch immer nicht in voller Größe aufgetaucht war. Das untere Drittel verschwamm in diffusem, verzerrtem Licht, als entsteige die blaue Kugel einem aufgewühlten Meer.

Dort, in der Obhut des leuchtenden, blauen Sternes schliefen die Kinder. Kate würde sie in drei oder vier Stunden zur Schule bringen.

track 19

DER WASCHPULVERSCHWANZ
von Mone Hartman

Illegal, die Substanz, weiss. Kurz gehackt und klein gehackt. Linienförmig
auf dem abgebrochenen Spiegelstück, die Spiegelscherbe auf dem schwarz-
en Marmortisch. Sie hockt vor dem Tisch, vor der Substanz, zieht die line
durch einen gerollten Fünfzigmarkschein durch die Nase. Ins GeHirn.
Heiterkeit reißerisch: Es reisst schon. Draußen der Schnee, frisch gefallen.
Es hat auch was von dieser Kälte, denkt sie jetzt; die Welt ist grell ist schrill
ist laut ist bunt ist schnell. Ist schön, trotz alledem. Sie kennt keine Fein-
de, dann. Es ist wie warm. . Manchmal, überlegt sie und zieht
sich einen langen, dicken Mantel über, manchmal kann man stundenlang
vögeln, auf Koks, manchmal; ohne jeden Orgasmus. Viel-
leicht will ich heute einen, vermutet sie, und keinen selbstgemachten. Sie
verlässt die Wohnung, das Haus: Schnee bedeckt die Welt, ach jungfräulich. Sie lacht. Laut. Die abendliche Dunkelheit ist wie friedlich erhellt. Kri-
stalle glitzern, bläulich. Es ist kalt. Sie bewegt sich hüpfend den Gehweg
entlang; einige Strassen weiter, dann, eine Kneipe: Sie geht hinein. Dunkel.
Rötliches Licht. Menschengedränge. StickWärme. Laute Musik. Einige
Leute sagen ihr ein freundliches Hallo, und sie sagt zurück ein freundliches
Hallo. Lächelt breit mit Murmelaugen. Hallo wie gehts denn,
undsoweiter blablabla. Redet mit Bekannten. Trinkt Bier, schnelle
Schlucke, ihr Durst ist eine Ewigkeit. Sie weiß jetzt nicht genau, was sie redet. Wovon sie redet. Warum sie redet. Sie redet. DenkFetzen fahren Inter-
city. . Ihr Herz. Schlägt gegens Brustbein schnell und hart.
Beat. Schnell und Hart. Dann plötzlich: Ein Augenpaar fällt hinein direkt
in ihres. Ein ER, drei Meter entfernt, ein großes Augenpaar; das Gesicht,
aus dem heraus die Augen fallen, macht ihr ein Lächeln. Mehr kann sie
nicht sehen vom ER, das ER steckt im Dunkel, drei Meter weiter.
Unter Umständen kann man stundenlang vögeln, auf Koks, wie verrückt, denkt
sie jetzt wieder, ohne jeden Orgasmus. Sie weiß nicht mehr, ob das Spaß
macht. Ob das schön ist. Ob das nur den Unterleib zerfetzt.
Wer weiß, denkt sie. Sie: Weiß nicht mehr. Ein Geruch drängt ihr in die in-

nen leicht blutige Nase; die Erinnerung eines Geruchs. ..
Der Geruch von Haut. Nicht ganz frisch gewaschene Haut. Eine solche,
die nach Haut riecht. Die nach sich selbst riecht. Warme Haut. Weiche
Haut. Fremde Haut. Sie lächelt. Schickt ihre Augen dem ER entgegen, ein
breites Grinsen. Das ER nun drängelt sich hindurch die Menschentrauben
in ihre Richtung. Trägt zwei große Gläser, randvoll mit schaumigem Bier.
Drückt ihr jetzt eines davon in die rechte Hand. Lächelt ihr gewisse Absicht
ins Gesicht. Schelmisch. Es hat geschneit!, sagt sie, auf die Zehenspitzen
gestellt, direkt in sein linkes Ohr hinein, sehr laut, um durch die Musik zu
dringen. Er ist gut anderthalb Köpfe größer als sie. Ihre Nasenspitze streift
seinen Hals. Er riecht nach Waschpulver, stellt sie fest. Sie
riecht nicht seine Haut. Waschpulver. Ja!, ruft er zurück, sichtlich irritiert;
es ist verdammt kalt geworden! Das Wetter hört wohl niemals auf, denkt
sie: Es hört einfach niemals auf. Ihr Herz aber hat aufgehört. Zu hämmern.
. Am Ende riecht sein Schwanz genauso, ekelt sie sich; ein
WaschpulverSchwanz, der schäumt mir die Vagina, befruchtet mich mit
MegaPerlen, mein Uterus wird WaschMaschine. . Hinterm
Brustbein jetzt ein kühles Hohl. Ein Hohl. Sehr kühl. Ja!, schreit sie schrill,
es ist kalt! Verdammt kalt!, und sie lässt das Bierglas aus ihrer Hand glei-
ten, es fällt dem ER direkt zwischen die Füße, Scherben und Nass. Er guckt
wie angespuckt. Sie stolpert aus der Kneipe. Vergisst ihren Mantel.
. Kalte Luft klirrt ihr die Lunge eisig. Ein Holpern entlang die Strassen.
Jetzt wird mir doch tatsächlich übel, ahnt sie; das kommt von diesem ek-
ligen WaschpulverSchwanz. Dann bleibt sie mit einem Ruck stehen, der
Oberleib fällt vornüber, der Mund spuckt schnellen Schwall.
Spuckt ihr den Schwall über die Schuhe. Ich kotz mich an, denkt sie, und
grinst: Schief.

track 20

HERR UND FRAU MOHR
von Thomas Schweisthal

"Wie sieht es aus? Wollen Sie, Herr Mohr ..?"
Herr Mohr starrte, halb angeekelt, halb verzückt, auf den kleinen krähenden Körper, der gerade eben aus seiner Frau herausgeflutscht war.
"Herr Mohr, hören Sie, wollen Sie jetzt ihrem Sohn die Nabelschnur durchschneiden?"
Herr Mohr erwachte aus dem Fieber, das vom 30-stündigen Ausharren am Bett seiner hochschwangeren Frau herrührte. Durchschneiden? Was hatte die Geburtshelferin gesagt? Nabelschnur durchschneiden? Ja, ja, um Gottes Willen, ja. Natürlich wollte er die Nabelschnur durchschneiden...
"Herr Mohr, ich brauche jetzt eine Antwort von Ihnen ..."
Du meine Güte, was wollte diese Frau? Dass er seinem eigenen Sohn die Nabelschnur durchschnitt? Konnte man das überhaupt? Und durfte man es denn auch wirklich tun? Er bewegte die Gedanken quälend langsam durch seine Hirnkammern. Und - da war es auch schon passiert - die Schnur war entzwei - und behende legte die Hebamme eine Klemme an das kurze Reststück am Bauche des Kindes an, und Herr Mohr wollte schreien: nein, nein, das dürfen Sie nicht, es ist verboten, aber es war ja längst geschehen, es war vorbei.
"Du meine Güte, hätten Sie nicht etwas warten können?", stammelte Herr Mohr.
"Hören Sie, ich entbinde täglich sieben Frauen, glauben Sie, dass ich da auf jeden der sieben Väter warten kann? Jetzt kümmern Sie sich mal um ihre Frau und ihr Kind."
Die Hebamme schüttelte den Kopf. Für Männer hatte sie nicht viel übrig, die meisten standen hier bestenfalls als Statisten herum. Ihr bisschen Saft brauchte man zwar für die Zeugung, aber eigentlich gehörten sie ihrer Meinung nach längst abgeschafft. Doch sie hatte noch viel zu tun, und ihre Gedanken würde sie vielleicht später, am Abend, in einem Pamphlet gegen das Patriarchat ausformulieren.
Herr und Frau Mohr waren nun sich selbst überlassen. Das Kind lag auf Frau Mohrs Bauch und sagte erst mal gar nichts. Es traute dem Braten nicht, und dieses Misstrauen war auf beiden Seiten fest verankert, denn auch die Eltern wussten nicht, was jetzt sein sollte, was es bedeutete, dass nun ein kleiner Mensch ihr Kind war. Irgendwann kam eine Kranken-schwester und nahm das Kind, fragte Herrn Mohr, ob er es baden wolle. Er wusste es nicht, sagte aber ja, weil er sich dazu verpflichtet fühlte. Herr Mohr zitterte

vor Anstrengung, als er seinen Sohn ins Wasser hielt und atmete erst wieder auf, als die Prozedur vorüber war, und niemand dabei ertrunken.

Drei Monate später hatte Herr Mohr die Geschehnisse rund um die Geburt seines Sohnes schon vergessen. Nur eine Sache ging ihm nicht mehr aus dem Kopf. Warum hatte er die Nabelschnur nicht durchtrennt? Er war der Vater, und Väter machten das so. Das wusste er von einigen seiner Kollegen, die, so wie er, bei der Geburt ihrer Kinder mitgeholfen hatten. Sie erzählten, es fühle sich ungefähr so an, als ob man eine rohe Kalamari durchschnitt. Sie machten sich ein wenig lustig über seine Unwissenheit, frotzelten ihn, dass er sich so geziert hatte. Ob er denn wenigstens den Mutterkuchen mitgenommen und im Garten eingegraben hätte, einen Baum darüber gepflanzt? Herr Mohr wurde rot. Er wusste nicht, wie so ein Kuchen aussah. Er hatte weggeguckt, wenn es irgendwie blutig geworden war. "Schert Euch doch zum Teufel. Ihr seid allesamt Narren. Mein Vater hat immer gesagt: Geburt ist Frauensache, Zeugung Männersache. Also, was seid Ihr, Männlein oder Weiblein?"

Seine Kollegen äfften ihn nach, ihn, der es nie gelernt hatte, Spaß zu verstehen. Mit der Zeit aber wuchs sich die Sache mit der nicht durchtrennten Nabelschnur zu einer fixen Idee aus. Er musste einfach eine Nabelschnur durchtrennen. Wenn er es nicht mit eigenen Händen tat, fehlte ihm ein ganz wichtiger Aspekt in seinem Leben.

Eigentlich war ihr Sohn ein Ausrutscher gewesen. Beide, Herr und Frau Mohr, wollten keine Kinder. Kinder machten Arbeit, waren laut, schränkten ein. Und es stimmte, der Kleine ging Herrn Mohr gewaltig auf die Nerven. Er konnte mit dem Bengel nichts anfangen. Seine Frau gab sich alle erdenkliche Mühe, und irgendwie schien sie das Kind wirklich zu mögen. Sie kümmerte sich rund um die Uhr um dessen Wohlergehen. Dadurch hatte sich für Herrn Mohr nicht viel geändert. Er führte sein Leben, wie er es schon vor der Geburt des Kindes geführt hatte. Und vielleicht lag es auch daran, dass er sich plötzlich ein zweites Kind wünschte. Er redete mit seiner Frau, erklärte ihr, wie wichtig ein Geschwisterchen für ihren Buben wäre. "Einzelkinder haben es schwer im Leben. Schau doch nur uns beide an ..." Dieses Argument leuchtete Frau Mohr ein. Sex tat ihr zwar seit jeher weh, aber sie kannte ihre ehelichen Pflichten, und das Gefühl, korrekt gehandelt zu haben, half ihr über den körperlichen Schmerz hinweg.

So dauerte es nicht lange, und Herr Mohr sah mit Wohlgefallen, dass der Bauch seiner Frau rund und runder wurde. Diesmal bereitete er sich gewissenhaft auf die Entbindung vor. Er las Bücher, besuchte sogar einen Schwangerschaftsvorbe-reitungskurs zusammen mit seiner Frau. Schon einen Monat vor dem Entbindungstermin wusste Herr Mohr über die Nabelschnur genauso viel wie der Gynäkologe des Krankenhauses, in dem seine Frau entbinden würde. Er taute richtig auf, als er mit dem Herrn

Doktor fachsimpelte. Herr Mohr fühlte sich also für die Geburt gewappnet, selbst in der Arbeit erkannte man ihn kaum wieder. Na, was so ein zweites Kind doch alles bewirken kann, tuschelten sie hinter seinem Rücken und zwinkerten ihm dabei zu. Die Geburt verlief unproblematisch. Nach nur fünf Stunden Klinikaufenthalts kam das Mädchen zur Welt. Herr Mohr wollte es gleich nehmen und baden, wie er es inzwischen perfekt beherrschte, da fiel ihm auf einmal siedend heiß ein, dass ja die Nabelschnur des Kindes noch nicht durchtrennt war. Und schon hörte er wieder die Stimme der Hebamme: "Herr Mohr, wollen Sie die Nabelschnur ...?" Ja, er wollte, er wollte unbedingt. Monatelang hatte er auf diesen Augenblick hingearbeitet, kaum etwas anderes hatte ihn je in seinem Leben so beschäftigt. Er wollte rufen: Ja, ich will, aber er brachte keinen Ton hervor. Keinen Millimeter schaffte er es, sich von der Stelle zu bewegen. Noch nicht einmal ein Zucken seiner Augenlider zeigte an, wie sehr es in ihm kochte. Und wieder war es geschehen. Mit einem Schlag verfiel Herr Mohr in tiefste Depression. Er redete zwei Wochen lang kein Wort. Seine Frau, die sich mit nun zwei Kindern allein gelassen fühlte, selbst sie machte sich Sorgen um ihn. Er konnte nicht mehr zur Arbeit gehen. Er wollte schon, aber es ging nicht. Sein Hausarzt verschrieb ihm Tabletten, und bald war Herr Mohr wieder soweit hergestellt, dass er auf dem Amt seinen Aktenberg abtragen konnte. Aber er blieb sehr stumm. Doch nach drei Monaten besserte sich seine Stimmung schlagartig, als er eine Eingebung hatte: Wieso nicht ein drittes Kind? Aller guten Dinge sind drei. War man nicht erst mit drei Kindern eine richtige Familie? Er verließ einfach sein Büro und rannte nach Hause, zwei Kilometer quer durch die Stadt. Er sah keine roten Ampeln, hörte keine hupenden Autos und schimpfende Radfahrer. Er war beschwingt, wie schon lange nicht mehr. Zuhause umgarnte er seine Frau, lockte sie, lobte sie. Und weil sie so glücklich war über seine Genesung, ließ sie sich ins Schlafzimmer führen und gab sich ihm hin. Herr Mohr nahm wieder mit Feuereifer am Leben teil. Seine Kollegen nickten anerkennend: Na, der hats gepackt. Sein Arzt konnte die Tabletten absetzen und gratulierte Herrn Mohr zur Heilung seiner schweren Depression. Nach einigen Monaten allerdings verdüsterte sich die Stimmung von Herrn Mohr wieder beträchtlich. Es gab Komplikationen. Das dritte Kind seiner Frau wollte nicht die richtige Lage einnehmen. Es saß mit dem Steiß nach unten im Bauch und machte keinerlei Anstalten, sich in die natürliche Position hinein zu bewegen. Herr Mohr kämpfte, machte sich sachkundig. Es würde auf alle Fälle eine Geburt per Kaiserschnitt geben. Aber man eröffnete ihm, der soviel Anteil an der Schwangerschaft seiner Frau nahm, dass er bei der Geburt des Kindes anwesend sein dürfe. Inzwischen sei das kein Problem mehr. Herr Mohr atmete erleichtert auf. Noch war also nichts verloren.

Er fühlte sich stark genug, nun endlich, beim dritten Kind, die Nabelschnur zu durchtrennen. Als der große Tag gekommen war - seine Frau befand sich schon unter Narkose - trug Herr Mohr seinen Kittel und seinen Mundschutz wie ein Festgewand. Er fand, er gebe einen hervorragenden Chirurgen ab, das Operieren war eine feine Sache, ihm zwar nicht in die Wiege gelegt, aber mit Fleiß und gutem Willen konnte man alles lernen. Die ersten Schnitte waren gemacht, doch irgend etwas lief nicht so, wie es laufen sollte. Jetzt wurde Herr Mohr nervös. Er störte die Operation, behinderte sie. Man musste ihn unter seinem lauten Protest aus dem OP-Saal schaffen. "Warten Sie draußen, es dauert nicht mehr lange", sagte man ihm. "Ja, aber Sie müssen mich unbedingt rechtzeitig holen, damit ich die Nabelschnur durchtrennen kann.", rief er. "Ja, natürlich. Jetzt beruhigen Sie sich erst einmal, und wir geben Ihnen dann rechtzeitig Bescheid, wenn es soweit ist", vertröstete man ihn. Aber es dauerte und dauerte, und niemand kam, um ihn zu holen. Herr Mohr rannte auf dem Flur auf und ab. Ihm schwante Schlimmes. Irgend etwas lief ganz gewaltig daneben. Diese Ärzte waren Stümper, und sie waren gerade dabei, sein Leben zu verpfuschen. "Dieses Pack, dieses hundsgemeine Pack", wimmerte Herr Mohr. Dann öffnete sich eine Türe, und ein Arzt trat heraus, blickte betreten. Er ging auf Herrn Mohr zu und sagte mit leiser Stimme: "Herr Mohr, die Operation verlief komplizierter, als wir es uns gewünscht hätten ..." "Was ist", schrie Herr Mohr, "kann ich jetzt dem Kind die Nabelschnur durchschneiden?" "Herr Mohr, freuen Sie sich, Ihrer Frau und Ihrem Kind geht es bestens. Aber wir mussten einen zusätzlichen Eingriff vornehmen, jede weitere Schwangerschaft wäre lebensbedrohlich für Ihre Frau - wir haben Ihre Frau sterilisiert". "Was? Was haben Sie da gesagt?", brüllte Herr Mohr. "Sie wollen mir doch wohl damit nicht sagen, dass meine Frau nie wieder Kinder bekommen wird?" Der Arzt blickte betreten zu Boden. "Das hat ein Nachspiel, ich verklage Sie, ich mache dieses Buschkranken-haus fertig, ich ... ich ...", Herr Mohr schluchzte vor sich hin. "Herr Mohr, es ist das Beste für Ihre Frau, glauben Sie mir". "Ja, ja, und was ist das Beste für mich", wimmerte er, "denkt denn niemand auch einmal an mich?"

Unter Tränen rannte Herr Mohr nach draußen, er lief zu der Brücke, die hoch über den Fluss führte. Er kletterte auf das Geländer und verfluchte mit einer Drohgebärde den Himmel über sich. Er wollte springen, sich fallen lassen, endlich seine Ruhe haben, doch gleichzeitig klammerte er sich an den Eisenträgern fest. Es ging nicht. Nichts klappte in diesem Leben. Also gab er auf, schlich über die Brücke und verschwand in der Dunkelheit. Ein paar Monate später ging es ihm schon wieder besser. Eine neue rettende Idee hatte ihn wieder aufgemöbelt. Er besah sich gerne die jungen Frauen, die einen Kinderwagen vor sich herschoben. Wenn ihm seine eigene Frau kein Kind mehr gebären konnte, so gab es doch unzählige andere, fruchtbare Frauen... Beim nächsten Mal würde es bestimmt etwas werden, mit der durchtrennten Nabelschnur. Und Herr Mohr ging wieder einmal in die Offensive.

track 21

DER MANTEL
von Adalbert Hauser

"Hey, Du", sagte der Mantel und sie schaute sich erstaunt um. Aber außer ihr befand sich niemand in der Pelzwarenabteilung. Keine Verkäuferinnen, keine anderen Kunden.

"Ja, Du, was schaust Du mich so an, gefalle ich Dir", fragte der Mantel. "Ja", antwortete sie verwirrt. Im gleichen Augenblick schämte sie sich auch schon, dieses eine Wort laut ausgesprochen zu haben. Erleichtert bemerkte sie nochmals, ganz alleine in der Abteilung zu sein. Andererseits - nicht ganz allein!

"Warum ziehst Du mich nicht an, wenn ich Dir schon so gefalle", lockte der Mantel. "Naja", meinte sie, nun schon etwas mutiger, "warum eigentlich nicht"? Mit raschen Griffen zog sie sich das schönste Stück der Pelzwarenabteilung über ihr leichtes Sommerkleid.

"Bin ich nicht schön weich? Schau uns im Spiegel an, wir passen doch gut zueinander". Sie trat vor den großen Spiegel in der Mitte des Verkaufraumes. Bewundernd sah sie auf ihr Gegenüber. Der Mantel klammerte sich weich an ihren Körper, fast schien er sie wie ein Liebender zu streicheln. Sie erschrak leicht und schämte sich wegen ihrer Erregung.

"Schäme Dich nicht", flüsterte der Mantel," das war erst der Anfang. Ich werde Dich, wann immer Du willst, streicheln und liebkosen, wie es noch niemand zuvor getan hat"." "Aber, aber", stotterte sie, "das geht doch nicht, ich kann Dich nicht mitnehmen. Du bist zu teuer"!

"Papperlapapp, rede keinen Unsinn. Natürlich kannst Du mich mitnehmen. Ist doch niemand hier außer uns beiden". Sie spürte seine unwilligen Bewegungen, während er das sagte und mit dem wundervollen Streicheln aufhörte.

"Streichel mich doch wieder", wisperte sie kaum hörbar. "Ich will Dich ja, aber...". Das

Streicheln begann wieder. "Los, geh` ganz langsam los", flüsterte der Mantel eindringlich. "Benimm Dich so, als gehörte ich Dir, glaube mir, niemand wird etwas merken". Von der eindringlichen Stimme wie hypnotisiert, unterstützt durch das wundervolle Streicheln, ging sie los, ein glückliches Lächeln um den Lippen.

Sie kam bis zur Lederwarenabteilung. Dort hielt sie der Hausdetektiv auf. "Dürfte ich bitte Ihren Kassenzettel sehen", fragte er sehr höflich. "Ja, aber, warum denn", entgegnete sie ängstlich.

"Weil ich Sie," sagte er immer noch höflich, jetzt aber sehr bestimmt," ohne Mantel habe kommen, aber mit diesem Mantel wieder gehen sehe. Es ist Sommer, warum also den Mantel gleich anziehen?"

"Aber, der Mantel hat doch gesagt.." Sie sprach den Satz nicht zu Ende. "Was hat der Mantel gesagt", fragte der Detektiv leicht ironisch. "Ich könne ihn mitnehmen und.." Er winkte ab. "Kommen Sie bitte mit und - ziehen Sie den Mantel wieder aus".

Gehorsam zog sie den Mantel aus und betrachtete ihn kurz voller Verwunderung. Plötzlich schüttelte sie das kostbare Stück wie toll und schrie:" Sag` was, los, sag`, dass Du mich aufgefordert hast, Dich mitzunehmen". Aus dem Schreien wurde ein Schluchzen. Denn der Mantel schwieg. Er war stumm, wie alle Mäntel eben stumm sind. Hastig, ohne weiteres Aufsehen, führte der Detektiv sie in sein Büro.

"Seltsam", meinte er später, nachdem die Polizei sie abgeführt hatte und er die Angelegenheit mit dem Geschäftsführer besprach. "Scheint eine neue Masche zu sein. Das war diese Woche die zweite Ladendiebin mit der gleichen Ausrede".

Kopfschüttelnd ging er wieder an seine Arbeit. Pflichtgemäß durchstreifte er die Abteilungen des Kaufhauses. Er sah und bemerkte alles, was nicht korrekt war - nur das fröhliche Summen in der Pelzwarenabteilung hörte er nicht.

track 22

DER STIER
von Ariadne von Schirach

Flügel wachsen aus meinem Rücken. Die Welt zerbirst in tausend Formen, Musik wird zu Farbe, Duft zu Form. Ich schwebe, verlasse meinen Körper, mein Äußeres kehrt sich nach innen, mein Inneres nach außen, ich sehe mich, falle und schwebe, bin nur noch Sein, aufgelöst im Wandeltanz.

Langsam kehre ich zurück. Das erste was ich spüre ist der Schweiß, der mir in stetigen Bächen den Rücken herunterläuft. Elfenstaub ist immer eine gute Empfehlung an langweiligen Dienstagnachmittagen.

Ich lebe im goldenen Zeitalter. Die Menschheit hat sich schlussendlich erforscht, es gibt keinen Krieg mehr, keinen Hunger, die Menschen haben die Balance zwischen technischer Perfektion und Harmonie mit der Natur gefunden. Jede nur erdenkliche menschliche Regung ist erforscht und wird toleriert und geteilt.

Es gibt Gruppen für Wissenschaftler, schwule Wissenschaftler, schwule Wissenschaftler mit Hang zur Selbstverstümmelung. Gruppen für Perverse, welche für Anwaltsfrauen, Gruppen für Trauerarbeit bei Kindsverlust. Diese Gruppen sind wie Sekten, eher wie Kirchen, mit sich stets verändernden Mitgliederzahlen und völlig freiwillig.

Jeder Mensch kann tun was er möchte, und es gibt genügend, welche die Wirtschaft und die Produktion am Laufen halten.

Die Menschheit hat auch das göttliche Wissen über den Sinn des Lebens erlangt, die Zirkel des Lernens, Tod und Wiedergeburt.

All das und noch viel mehr wird gelehrt. Viele Menschen leben ein glückliches und erfülltes Leben, lieben ihre Arbeit und Berufung und sehen ihre Kinder aufwachsen. Die Kunst floriert, Musik, Literatur, Malerei.

Die Geisteswissenschaften wie Philosophie und Psychologie kamen zum Erliegen, da die diese antreibenden Kernfragen schlussendlich beantwortet waren.

Es gibt auch eine ziemlich große Kirche für Menschen, die von der göttlichen Vollkommenheit gelangweilt sind.

Und die es wurden die dunklen Kirchen gegründet. Sadisten treffen auf Masochisten, perverse Kinder bedienen Pädophile, Nekrophile bekommen ihre Leichen, meist vergiftete Drogensüchtige. Die Kirchen sorgen dafür, dass Angebot und Nachfrage sich begegnen.

01:07

Es gibt eine große, sehr große Kirche, die der Angebot und Nachfrageregelung, die nichts anderes tut als dafür zu sorgen, das Angebote nur dort gemacht werden, wo eine Nachfrage besteht, also dass zum Beispiel kein Vergewaltiger in die Kirche der reinen Frauen vordringt. Ihn würden sie in die Kirche der dunklen Lüste führen.

Man könnte sogar sagen, die Täuschung wäre verschwunden. Alles ist definiert, gibt sich auf den ersten Blick zu erkennen, also wäre auch Täuschung in der vordergründigen Selbstbeschreibung enthalten.

Ich sitze gerade in der Bar für langweilige Nachmittage. Sie befindet sich im Drogenviertel, genauer gesagt, in der halluzinogenen Straße. Die Hausnummern sind durch die Kabbala inspiriert, die Häuser selbst passen ihre Form ihrem Inhalt an.

Es gibt das perfekte Haus für die wohlhabende Arztfamilie, die typische Drogenhöhle, das Krankenhaus, die Bar.

Die Menschheit hat die perfekte Vielfalt der Form gefunden.

Ich glaube ich werde mich jetzt auf den Weg zur Bar der verpassten Chancen mache, liegt gleich neben der Halluzinogenen in der Vergessensstraße. Der neue "Fühl Dich Glücklich Und Erfolgreich" ist mir wärmstens empfohlen worden.

Geld in der ursprünglichen Form gibt es nicht mehr, die anstrengenden Arbeiten werden von Robotern erledigt. Durch die Erkenntnis des göttlichen Willens, des Lebenssinnes, wurde die Menschheit sich des Beitrags des einzelnen bewusst, dem Geschenk der individuellen Begabung. Jeder bringt seine ganz eigene Perspektive in den ihn liegenden Bereich ein, die Seelenbefragung wurde entwickelt, um das Talent genauer bestimmen zu können. Auch die Seelenbefragung ist freiwillig.

Das Wissen über all dies, in beliebiger Tiefe, ist stets verfügbar, unendlich viele Kirchen lehren Teilaspekte oder Synopsen.

Es gibt glückliche Maurer, Ärzte, Computerfachkräfte, Zuhälter und unendlich viel mehr. Die Zuhälter treffen sich stets in der Prostitutionskirche. Dort werden die männlichen und weiblichen Huren verteilt, meistens sexsüchtige Menschen.

Für Anhänger der alten Ordnungen gibt es die Ansehenskirche. Dort werden die Menschen nach einer vorher gemeinsam festgelegten Ordnung, wie Ansehen des Berufes, Größe des Hauses, Name der Familie und anderen ähnlichen Dingen beurteilt. Die Anhängerzahl dieser Kirche verringerte sich im Lauf der Jahre, da es wesentlich angenehmere Methoden gibt, Zeit zu verbringen.

Ich mache mich auf den Weg zur Bar der verpassten Chancen. Die Straßen sind belebt, hoch über mir funkeln die Gravitoren in der Sonne. Das grelle Licht schmerzt meine Augen auch durch die doppelt verstärkte Sonnenbrille. Es ist staubig, aber kein Wind weht. Der Verkehr findet hauptsächlich in der Luft statt, abgesehen von den

Schwebebahnen. Im Drogenviertel sind die Häuser niedrig, es gibt fast keine Landeplätze für Gravs, nur die Schwebebahn fährt am äußeren Rand des Viertels, an der Grenzstraße entlang.

Ein angenehmer Duft schlägt mir entgegen, als ich die Tür der Bar öffne. Ich beginne sofort, mich besser zu fühlen, und bestelle einen "Erfolgreich Und Glücklich".

Meine Seelenbefragung hat ergeben, das es meine Bestimmung ist, mit und an Computern zuarbeiten, das dort mein Talent am besten entwickelt sei. Ich lernte an einer Schule, und als ich das erste Mal in den abgedunkelten Raum geführt wurde, den KI 106 mit seiner majestätischen Präsenz füllte, war es mir, als sei ich endlich nach Hause gekommen. Ich arbeitete an Sinnerkennungsprogrammen, die zur Verbesserung der Kommunikation zwischen KI und Mensch beitragen. Ich fühlte mich erfüllt und glücklich, wie es das Weltgesetz verkündete, ich liebte meine Arbeit und hatte mein Talent entdeckt. Doch gleichzeitig war ich unzufrieden und irgendwie unerträglich gelangweilt, fühlte mich vertrocknen in dem staubigen Halbdunkel. So wurde ich, als ich mich mit meinem Lehrer besprochen hatte, Mitglied bei der Kirche für Unzufriedenheit mit der göttlichen Vollkommenheit. Auch das brachte mir keine Ruhe. Nach einem kurzen Besuch der Kirche für Widerspruch und Streit versuchte ich mich in der Kirche für Prostitution. Ich war zuerst Hure, später besorgte ich den Huren ihre Verabredungen. Ich habe die Lust erforscht, alle Arten der Lust, dunkle und helle. Auch dies brachte mir keine Zufriedenheit, und so beschloss ich, drogensüchtig zu werden.

Ich fühle mich erfolgreich und glücklich und verlasse die Bar um mich auf den Weg zur Nostalgischen Straße, zur Bar für Pot wie in alten Zeiten zu machen

Die Menschheit hat ihre Vergangenheit nicht vergessen. Die Geschichte der einzelnen Länder, die es vor langer Zeit gegeben hat. Es gibt sogar noch Bücher in verschiedenen Sprachen zu besichtigen.

Jetzt gibt es keine Länder mehr, nur noch die Welt. Wir haben Städte, helle staubige Städte, die alle gleich sind, und Naturparks, welche die Schönheit der vielfältigen Landschaften bewahren. In der Bar angekommen bestelle ich mir einen Sanftes Vergessen, und rolle einen Grasjoint. Ich fühle mich frei.

Ich denke an Lust. Vielleicht sollte ich den Notgeilen Notdienst anrufen und mich gleich hier und jetzt in den Himmel ficken lassen. Lieber noch einen Sanftes Vergessen. Neben dem Drogenviertel liegt das Götter und Dämonenviertel. Man kann nur zu Fuß dorthin gelangen. Schamanen und Hexen leben in diesem Viertel, Priester und Zauberer. Alten Kulten wird dort gehuldigt, alte Rituale werden veranstaltet, Wüstenzauber, Knochenmagie. Viele sind nicht mehr zurückgekommen.

Dieses Viertel ist in jeder Stadt der einzige Ort, an dem es noch Geheimnisse gibt.

Außer natürlich in der Kirche für Geheimnisse und Ordensbrüderschaften.

Das Computerprogramm, an dem ich arbeitete, ist darauf ausgerichtet, diese Trennung der Kirchen und der Angebote noch zu verstärken. Das Programm heißt KAN. Es wird von der Kirche zur Regelung von Angebot und Nachfrage in Auftrag gegeben. Der Computer wird zuerst mit allen nur vorstellbaren Sinnbezügen gefüttert, von Technikern und tausenden Freiwilligen. Je mehr er versteht, desto besser kann er die Kirche für Angebot und Nachfrage in ihrem Bestreben nach Ordnung unterstützen. Es gibt auch schon Programme, welche die mehr und mehr werdenden Sichtungskameras auswerten, um so gezielter für Ordnung sorgen zu können. Die Grenzen müssen eingehalten werden.

Mein Kopf schmerzt. Der Sanftes Vergessen wabert noch kurz nach. Seltene Klarheit, zwar schmerzbegleitet aber nüchtern. Ich überlege, ob ich mir noch etwas bestellen soll, doch es ist reizvoller für mich, das ungewohnte Gefühl auszukosten.

Die Nacht ist kalt. Meine Schritte zuerst ziellos, bis ich merke, das ich den Weg zum Götter und Dämonenviertel einschlage. Viele sind nicht zurückgekommen, von dort. Alle Sichts werden abmontiert, es gibt keine Kontrolle. Jeder auf der Welt, der verschwindet, wird der Götter und Dämonenquote angerechnet. Als ich ein Kind war, veranstalteten wir Mutproben an seinen Äußeren Bezirken. Einmal habe ich sogar einen Liebestrank gestohlen. Unsere Katze war bis zu ihrem unglücklichen Tod unsterblich in meine Hausschuhe verliebt, und wir wollten sie nicht wegwerfen, obwohl sie zum Himmel stanken.

Ich nähere mich. Nebel beginnen zu wabern. Die alten Vetteln in den Äußeren Bezirken verstehen einiges von Imagepflege. Meine Schritte tragen mich weiter, ich folge mir fast willenlos. Langsam dringe ich weiter vor, schrecke zurück vor einem Huhn mit Menschenkopf, das gellend in der Nacht verschwindet.

Ein Blutgeruch liegt in der Luft. Irgendwo geht ein unmenschlicher Schrei in ein wollüstiges Stöhnen über, das noch lange nachhallt.

Manchmal begegnen mir Lichtkugeln, aus verschiedenen Farben und Größen. Eine rote hat mich sogar kurze Zeit verfolgt.

Ich bin wie in Trance, doch meine Schritte werden bestimmter. Die Straßen haben schon lange keine Schilder mehr, die Häuser sind ununterscheidbar in der Schwärze der Nacht.

Ich gehe weiter. Plötzlich halte ich an, ohne den Grund dafür zu kennen. Ich gehe durch den Torbogen, gehe immer weiter, biege ab.

Ich stehe in einem Raum. Blutrote Lichte spielen darin. Eine Gestalt, verhüllt mit einem schwarzen Kapuzenmantel tritt vor mich. Ich erkenne trotz dem Mantel, dass es sich um ein Skelett handelt. Es fängt an zu sprechen, und seine Stimme dröhnt in den Tiefen meines Bewusstseins.

" Kein Blut. Knochen und Finsternis.. Kein Blut, kein blutiges Fleisch."

Ich verstehe, und beuge mein Haupt. Mein Fleisch schreit nach seinen Brüdern, schon seit dem Anbeginn der Zeit. Ich ziehe mein Gewand aus, eine Italo Calvino Jeans und ein Tom Ford Polohemd. Socken, Schuhe.

Nackt stehe ich, zittere blass in der Dunkelheit. Mein Blut rast.

Mit einer zärtlichen Bewegung zieht das Skelett das Schwert aus der Scheide. Die Klinge glänzt violett im roten Licht.

Es fängt an meinen Armen an zu schneiden. Spur um Spur erweckt es das Blut, mein Fleisch. Göttliche Lust rast durch meinen Körper, während ich gezeichnet werde, Spur um Spur. Mein Blut rinnt an mir herab, hüllt mich in einen roten Mantel.

Jeder Schnitt gibt mir Freiheit. Ich bin das ewige Opfer, und durch das Opfer erhalte und gebe ich Leben. Mein Leben wird mir geschenkt, um zu verrinnen, um wiederzukehren und erneut zu sterben.

Zu lange hatte ich vergessen. Die Welt dürstet nach frischem Blut, alten Geheimnissen, nach der Wildheit, die ich so lange vergessen hatte.

Ich blute und bebe, spüre die uralten Muster, die sich auf meinem Körper bilden. Wie konnte ich es so lange vergessen.

Mein Hals zuckt der Klinge entgegen. Die Schwertlinien kreuzen sich auf meinem Körper. Die Lichte singen ihr altes Lied.

Ein Vogelsang, süßer noch als die lieblichste Geige zieht in der Nacht vorbei. Meine Tränen vermischen sich mit meinem Blut.

Ich bin bereit zu gehen. Das Skelett hat seine Arbeit beendet, und verbeugt sich. Wortlos gehe ich in den anbrechenden Morgen hinaus, eine einzige blutende Wunde, die Wunde einer ganzen Welt.

Wieder folge ich meinen Schritten. Mein roter Mantel bewahrt mich vor der Kühle des frühen Morgens.

Ich verlasse die Stadt. Die Steine unter meinen Füßen werden zu Gras. Ich weiß nicht, wie lange ich gehe bis ich ihn sehe. Er hat auf mich gewartet, schon seit dem ersten Ruf des ersten Vogels. Ich verbeuge mich vor ihm. Auch er senkt sein Haupt.

Er ist tiefschwarz, schwärzer als die Abwesenheit von Licht. Seine Augen lodern gelb, Flammen tanzen darin, die von den ersten Dingen berichten.

Er steht ganz ruhig, wartet. Der Mensch fängt immer an. Seine Hörner glänzen, als sie von den ersten Sonnenstrahlen getroffen werden.

Meine Muskeln spannen sich, ich laufe auf ihn zu. Auch er setzt sich in Bewegung. Wie zwei verlorene Planeten rasen wir aufeinander zu, die Erde bebt unter seinen stählernen Hufen, die die Zeit schon zu Stein werden ließ. Ich locke ihn mit Drehungen meines roten Gewandes.

Wir prallen aufeinander. Seine Hörner zerreißen mein Fleisch, mein zartes Brustfleisch wird zur Blutmasse, ein warmer roter Regen tränkt den Boden.

Mein Körper wird von Orgasmen geschüttelt. Ich bin lebendig, wahrhaft lebe ich. Der Schmerz ist unerträglich, rast durch meinen Körper, weckt meine Seele.

Er hat sich wieder entfernt. Ich lache, locke ihn erneut mit meinem roten Mantel.

Ich gehe zu Boden, die Steinhufe tosen über meine Knochen. Ich kann mich nicht mehr erheben.

Wieder nimmt er Anlauf. Donnert über meinen Körper, mein Gesicht. Die Knochen brechen, die Muskeln reißen, das Gewebe hat sein Recht auf die Form verloren.

Alles wird ununterscheidbar. Der Boden trinkt durstig mein Blut.

Ich bin das Lied der Welt. Ich bin frei.

track 23

AUSGANGSSKIZZE
von Florian Brugger

Du kannst dir sicher vorstellen, daß Fabio glücklich war an diesem Morgen. Du kannst dir sicher vorstellen, daß Fabio, während du mich bestimmt besorgt um seine Pracht nach einem Pickelchen an deinem Apfelpopo gefragt hast, während du bestimmt besorgt um dein Gleichgewicht und Flecken auf dem Laken mit der Zeitung und einem Bol Milchkaffee und warmen Haut zu mir unter die Bettdecke geschlüpft bist, während du bestimmt besorgt um meinen jungen Schlaf, vorsichtig die Seiten mit dem Lärm von einstürzenden Fassaden umblätterste, du kannst dir sicher vorstellen, daß Fabio an diesem Morgen, aus seinem violetten Satinbezug heraus, aus seinem silbernen Satinpyjame heraus wieder gelächelt hat. Wie er nach diesen zersetzenden Wochen mit Jule, diesen Wochen voll Angst und Bang mit oder ohne Jule, ganz wie du willst, froh und entspannt, zuversichtig vielleicht ein violettes Fädchen, das aus dem violetten Satinsaum stibitzte, um seinen Finger wickelte oder in einem Anfall der Laune nach der Fernbedienung schnappte und seinen Sonntagmorgenvivaldi oder seinen Sonntagmorgenmozart hörte. Fabio, der dann immer aufsteht und das Tuch vom Vogelkäfig zieht und den Finger in den Käfig steckt, damit der grüne Nervtöter oder der gelbe Nervtöter an seinem Nagel knabbert und er mit seinem spitzen Tantchenmund Küßchen gibt und der, auch wenn Jule eben vorhin in ihre Agentur gegangen ist, und obwohl sie zu Fabio nach diesen zersetzenden Wochen, nach diesen Wochen voll Angst und Bang endlich wieder, das erste Mal wieder mit ihrem angemalten Mund
- Bisou Bisou
jetzt nicht sagen konnte
- wasch dir bitte die Hände mein Schatz wenn du am Käfig warst
jetzt ins Bad geht und sich die Hände einseift, mit der Seetangseife, die er gestern noch wie immer mit seinem Anflug von Stolz, wenn er etwas ausgegraben hat, aus der Stadt angeschleppt hat, wie er mit dem Handtuch noch einmal in ihr Schlafzimmer zurückgeht und den Sonntagmorgenvivaldi oder den Sonntagmorgenmozart drückt, wie er nocheinmal dem gelben und dem grünen Nervtöter zutschilpt, wie er jetzt auch vor ihrem lebensgroßen Poster innehält, das in der Mitte ihres Schlafzimmers neben dem Käfig hängt, über das wir uns immer lustig machen, das lebensgroße Portrait, das die beiden am Strand von Catolica oder Bibione von einem Touristen im Sonnenuntergang aufnehmen ließen, kein Gramm Fett auf den Rippen mit lachenden Zähnen und wehenden Haaren und verdunkelnden Sonnenbrillen, das Poster, das Fabio immer mit seiner Portion Selbstverliebtheit und mit seiner Portion in- Jule-Verliebtheit, die Aufnahme, von der er findet, daß er und daß vor allem Jule darauf so gut aussehen, das Poster, auf das er jeden neuen Gast in der Wohnung aufmerksam macht

- das war letztes Jahr in Catolica oder Bibione die Strände gleichen sich bis auf die Duschen
- das war vor zwei Jahren in Catolica oder in Bibione die Strände gleichen sich bis auf die Duschen
- das war vor vier Jahren in Catolica oder Bibione die Strände gleichen sich bis auf die Duschen

Fabio, der dabei immer mit dem rechten Bein leicht einknickt, die Proseccoflöte in der angewinkelten Ellenbeuge und den Arm auf der Schulter seines Gastes abgelegt und Jule wie immer dann aus der Küche
- Hatten wir in Catolica nicht das schwarze Handtuchset
und Fabio, indem er dann regelrecht nachdenklich zur Seite schaut
- meinst du
und zu seinem Gast, indem er Jule auf dem Photo wieder ansieht und sie sich bestätigend nickt, und die meisten Gäste in diesem Moment wie in den Käfig gesteckt nervös werden
- sie hat recht
und Fabio, die Proseccoflöte aus der Ellenbeuge genommen, der zum Käfig tritt, einen Finger zwischen die Gitterstäbe steckt
- darf ich vorstellen Jule und Fabio
und Jule wie die Ansage in der Straßenbahn
- wasch dir bitte die Hände mein Schatz wenn du am Käfig warst
Fabio, der, du kennst seine Duftkapriolen, nun schon seit einer Viertelstunde duscht und sich zum zweiten Mal am ganzen Körper mit der Geraniumemulsion einreibt, von der wir in diesem seinem Laden feststellten, daß sie eine harmonieentfaltende Wirkung besitzt, die bereits den Mayas bekannt war, und du prustend den Flakon aus der Hand plumpsen ließt, der auf den gelb-roten Kacheln zerbrach, und wir schwups-diwups draußen um die Ecke nach Luft ringend weiter prusteten.
Du kannst dir sicher vorstellen, daß Fabio noch ein Glas von seiner Proteinschokolade trank, daß Fabio noch einen Becher probiotischen Joghurt aß, daß Fabio noch ein Präparat von der teuren Ascorbinsäure schluckte, daß Fabio noch die Lavendel-säckchen im Kleiderschrank austauschte, um seine Pullis für 700 Mark, seine Pullis für 1200 Mark einzuräuchern, bevor er mich in seinem Wohlfühlpulli und seinen Wohl-fühlhosen anrief, während du gerade bestimmt besorgt um meine Sportlektüre eine Auswahl von Fußballballmeldungen vorgelesen hast, während du gerade bestimmt besorgt um die Nachmittagsplanung mit aufgestützten Kopf mein Brusthaar gekräu-selt hast und einen Vorschlag nach dem anderen machtest, daß Fabio noch das Bett frisch bezogen hat mit dem schwarzen Satin, mit dem roten Satin, ehe Fabio jetzt bei uns am Telephon klingelt, ehe du aus dem Bett hüpfst und mit deinem verlottertem Nacht-hemd nach den Gumpen fragst und mit deinen apfelgroßen Augen mich an-siehst und ich grinsend nicke, wie eben jemand grinst, der die erhoffte Überraschung in petto hält, und du mir den Rücken und den Apfelpopo zuwendend zuzwinkerst als das Telephon wieder klingelt, und bevor du den Hörer abnimmst, es nicht glaubend

noch einmal nach den Gumpen fragst und ich nicke als du abhebst und ihn
- Fabio das ist gut daß du dran bist
einlädst am Abend, denn heute ist dein letzter Tag für zwei Monate, zu einer kleinen
Abschiedsfeier im Makassar, wie wir es seit Jahren pflegen, wenn du dich auf und
davon machst und Fabio sich freut, du weißt, daß er dich gern mag, und bevor du mir
den Hörer in die Hand drückst, die Muschel mit der Hand abdeckst, mir mit über-
schlagender Stimme ins Ohr, die Gumpen, du hast sie wirklich gefunden und du liest
in meinen Augen, was ich selbst nicht glauben kann, dir die Gumpen bis zu deinem
letzten Tag aufgehoben zu haben und du springst aus dem Bett ins Bad, zu den
Gumpen, zu den Gumpen trällernd, und Fabio, nach andächtiger Stille zu mir ins Ohr,
etwas verlegen raunt, Wörter von Sonne, von Gutsein, von ins-Reine-gekommen, von
Glück und ich das egal findend, das schön findend, das nicht empfindend
- bis heute Abend dann Fabio
einhänge und dich im Bad von hinten umarme, deinen Flaum im Nacken, der sich so
selten aufrichtet, mit der Zungenspitze lecke, um einmal noch über deine sommer-
sprießende Gänsehaut an den Armen, bevor uns morgen wieder ein Abschied am
Bahnhof und 20 Stationen trennen werden, während Fabio beseelt auf seine rote Taste
am Telephon drückt, während Fabio seine Finger in den Käfig steckt und mit seinem
Tantchenmund
- Bisou-Bisou
und gleich darauf die Nummer vom Radio wählt um Jule nach diesen Wochen voller
Angst und Bang wieder ein Lied zu wünschen
- wasch dir bitte die Hände mein Schatz wenn du am Käfig warst
und wir schnurstracks zu den Gumpen in die Alpen,
du, die du den Wind unter den Achseln
- mes deux amours
auf der leeren Autobahn in den Süden,
du, die du energisch den letzte Kilometer den Berg hinauf
- ist das nicht schön hier
du, die du angekommen sofort entkleidet mir nichts dir nichts die drei Meter in die
Gumpe mit klarem Gebirgswasser
- oh herrlich komm schon das Wasser ist ganz warm
du, die du unter einem Arm des Wasserfalls stehst, der dir auf den Kopf plätschert, der
dir in den Nacken plätschert, der dir auf die nackten Brüste plätschert, der dir auf die
steifen Brustwarzen plätschert, du kannst dir sicher vorstellen, während ich mit der
Scheu und Habacht vor aufgerissenen Schienbeinen mich vorsichtig zu dir ins Wasser
hinablasse, ganz nah zu dir, denn das Wasser ist kalt ohne dich, du kannst dir sicher
vorstellen, daß Fabio lächelnd aus seinem Wohlfühlpulli und seinen Wohlfühlhosen
heraus an diesem Morgen glücklich war. Schließlich warst du nicht hier, als Fabio mich
Abend um Abend anrief mit abgebrochener Stimme, mich Abend um Abend fragte, ob
ich die Zeit hätte für ihn mit kleiner Stimme, mich Abend um Abend in seinem Volvo
herumkutschierte mit kraftloser Stimme, mir Abend für Abend den Stand von Jules

und Fabios Zersetzung berichtete mit resignierter Stimme, mich Abend um Abend auf
Bier einlud mit wortloser Stimme, mich Abend um Abend zu Hause absetzte und
meine letzten Worte, meinen letzten Ratschlag gebeugt benickte wie ein Kind, das
Folgsamkeit verspricht
- o.k.
bevor die Autotür zuschlug und ich Abend für Abend von oben sah, daß der Volvo
noch immer in der Einfahrt stand, Fabio im Volvo wartete, mit laufendem Motor, mit
beschlagenden Scheiben, Fabio, der in die blinde Windschutzscheibe starrte, Fabio
zersetzt mit gelben Tränen unter der Sonnenbrille, mit Tränen an seinem Dona Karen
Anzug mit einem Pils im Schoß im Volvo mit laufenden Motor, die Hände am
Holzlenkrad geradeaus starrend in das blinde Fenster hinein, Fabio, der zuckt, der das
Pils verschüttet als ihn ein Auto anhupt, Fabio mit gelben Tränen hinter der Sonnenbrille, mit schaumigen Pils in den Prada Sandalen, Fabio zersetzt in einem metallischen
Gehäuse mit laufendem Motor, mit Pils in den 400 Mark Sandalen, der seufzt, als er
anfährt, der den Motor abwürgt als er anfährt, der den Motor abwürgt und kurz
vergessen muß, daß er weint, kurz Jule vergißt und sich in diesen Wochen, du weißt,
wie wenig er Fehler am Steuer verzeihen kann, dem jetzt nichts anderes wichtig ist, als
daß der andere jetzt nicht noch länger warten muß, als daß er jetzt zügig davonfährt,
als daß er sich nicht ein zweites Mal blamiert
- wasch dir bitte die Hände mein Schatz wenn du schon am Käfig warst
der seufzt, nachdem er den Schlüssel im Autoschloß herumdreht, der vom Auto aus
mit der Hand am steckenden Schlüssel zu ihrem Schlafzimmer hinaufsieht und seufzt,
der den Autoschlüssel abzieht, der den Eingangstürschlüssel abzieht, der den
Wohnungstürschlüssel abzieht, der von ihrem Schlafzimmer aus auf die Straße, auf
den Volvo in der dunklen Straße sieht und seufzt, Fabio, der in den langen Stunden
dieser Nächte, der in den langen Stunden von Jules Schlaf, von dem Umstand, daß sie
schlafen kann, zersetzt, hilflos, aufgeschmissen am Küchentisch hockt, die Tränen
vergräbt, den Pfefferstreuer in die Hand nimmt, den Zuckerstreuer in die Hand
nimmt, den Salzstreuer in die Hand nimmt und seufzt, Jule, die schlafbetrunken ins
Bad torkelt, die schlafbetrunken in der Neonbeleuchtung des Aliberts ihr Pipi macht,
die schlafbetrunken in der Küchentür lehnt und sich den Oberschenkel kratzt
- Hähm Fabio
Fabio, der immer noch in die offene Küchentür starrt, in der Jule stand, den Salzstreuer
immer noch in der Hand, der weint, als lange nach dem Licht die röhrende Lüftung im
Bad durch die dunkle Wohnung hindurch abstirbt, der sich zusammenreißt und sich
im schweigenden Versuch zu schlafen neben Jule legt, Fabio, der mir Abend um Abend
nicht erklärte, daß die zersetzenden Wochen, die Wochen voller Angst und Bang damit
ihren Anfang nahmen, daß er ihre Briefe gelesen hatte, daß er auf Jule zu Hause am
Küchentisch wartete, ohne einmal einen Schluck zu trinken, ohne einmal einen Bissen
zu essen, ohne einmal ins Bad zu gehen, wartete, den Stoß Briefe, den er mit seinen
gepflegten Händen aus Jules Schatulle oben auf dem Schrank packte, vor sich am
Küchentisch, du weißt, das Kästchen mit den getriebenen Kupferbeschlägen, das du so

gerne hast, säuberlich gestapelt weiß auf braun, Fabio, der am Küchentisch saß, selbst-
sicher zurückgelehnt, erklär-mir-das zurückgelehnt, als Jule nach Hause kam, als Jule
ihre Tasche neben der Tür auf der Kommode ablegte, die zehn oder laß es zwölf sein
Schritte durch den Gang in die Küche stiefelte, die weiß auf braun jetzt nicht zu Fabio
geht und Fabio, der sich weiß auf braun nicht erhebt vom Stuhl
- Bisou-Bisou
sondern Jule. die in der Küchentür verstarrt, weiß auf braun, Fabio, der sicher in der
Lehne verharrt, weiß auf braun, der jetzt nicht denkt
- wasch dir bitte die Hände mein Schatz wenn du am Käfig warst
der jetzt nicht denkt
- wasch dir bitte die Hände mein Schatz wenn du an den Briefen warst
der erklär-mir-das zurückgelehnt Jule den Stapel Briefe hinschiebt, weiß über braun,
der hochgewachsene Fabio, der noch am Morgen am Boden kniend über diesen
kleingeschriebenen Worten von Antonio kapitulierte, der daran zerbrach, daß noch ein
anderer Jule liebte, den es rasend machte, daß noch ein anderer Jule Liebling nannte,
den es rasend machte, wie oft sie sich trafen, der daran zerbrach, daß Jule sich ihm
hingab, der dabei zitterte, daß Jule ihr Becken Antonios Schwanz entgegendrückte, der
- die Sau
es nicht packte, daß Jule sich die Möse vollspritzen ließ, der
- die Drecksau
es nicht faßte, daß Jule in diesen vielen Nächten von vier Jahren auf seine
erwartungsschmatzenden Lippen hin, auf seine erwartungsfingernden Hände hin, auf
seinen erwartungszuckelnden Sack hin, in sein erwartungslächelndes Gesicht hinein
zu oft
- Nein
das Gesicht im schwarzen Satinkissen,
- Nein
das Gesicht im violetten Samtkissen,
- Nein
das Gesicht im roten Samtkissen hauchte, dem
- Nein
dem Fabio ganz Verständnis, ganz Feinfühlig mit einem Lächeln entgegnete, das mit
der Kerze und seinem Pusten in der aufdringlich nach Docht riechenden Finsternis
erlosch, der im Dunkeln seine finstere Miene im schwarzen Satinkissen, im violetten
Satinkissen, im roten Satinkissen vergrub, während du nur eine Zigarettenlänge auf
der Landkarte von mir entfernt bestimmt dein Glas Rotwein vor Aufregung um-
kipptest, weil ich es vielleicht am klingelnden Telephon war, weil du es wußtest, daß ich
am Telephon war, weil du vielleicht eben in diesem Moment aufspringen wolltest, um
mich anzurufen, um mir zu sagen, wenn ich aus dem Fenster sehe, daß wir denselben
Mond, der die Blechdächer vor deinem Fenster wie mit Schnee drauf aussehen läßt,
denselben Himmel sehen, um mir die Wolken zu beschreiben, nach denen ich tagsüber
Ausschau halte, wenn sie Stunden später über meinen Himmel ziehen, Fabio, der

- die Schlampe

tief in seinem Kehlkopf vergräbt, damit ihm nicht entfährt, was er ihr eigentlich zu sagen hat, was er ihr gerne zu sagen hat, der erklär-mir-das zurückgelehnt die Briefe weiß über braun Jule hinschiebt, der, du kennst ihn, sich zig Varianten überlegt hat, in denen er Jules Reaktionen weiß über braun niedrig erscheinen läßt, der, du kennst ihn, jetzt nicht damit zurecht kommt, daß Jule in der Tür zusammengesackt heult, es nicht erwartet hat, daß er kommen muß wie er jetzt kommt, daß er über ihr stehen muß, wie er jetzt über ihr stehen muß, der sich den schmerzenden Moment nicht nehmen lassen will, der ihre tränenkullernde Verteidigung nicht widerlegen kann, der verzweifelt tadelnd

- du weinst ausgerechnet du weinst

Jule auslacht, Jule hilflos auslacht, dafür daß sie ihm nicht einmal eine einzige Beteuerung hinstammelt, nur ein einziges schuldbewußtes Geständnis

- ich wollte es dir schon lange sagen

dafür auslacht, daß sie ihm heulend im Türstock hockend, die Schminke im Gesicht zerlaufen, so Leid tut, dafür auslacht, daß er sich selbst lachend neben dem Türstock so Leid tut, der (ganz Vater)

- das mit ihm ist vorbei

das ernst meinend sich mit den Händen die Haare an den Kopf schleimt (du kennst seine fingergliedrige Bewegung durch die Haare), der zornig über sein väterliches Gefühl, über seine väterliche Situation

- ich will es hören ich will es hören Jule aus deinem Mund

nicht eher ging als sie ihm den Gefallen tat, der erst am achten Tag damit herausrückte, daß er es durch die Briefe erfahren hatte, durch seine Schnüffelei, der sich anbiedernd im Recht sah, seine Schnüffeleien angebracht sah, nur weil ihm der Inhalt der Briefe seine über Jahre schwärenden Eifersüchteleien, sein hinterhältiges Mißtrauen rechtfertigten, der mir offenbarte, mir regelrecht offenbarte, wenn er nicht in ihren Briefen gelesen hätte, wäre er nie der Sache mit Antonio auf die Schliche gekommen, der mir offenbarte, daß ihm tausendmal am Tag (ich weiß nicht ob Fabio übertreibt, ich übertreibe nicht) ihr

- Nein

im violetten Satinkissen, ihr

- Nein

im schwarzen Satintkissen, ihr

- Nein

im roten Satintkissen ins Herz sticht, mir offenbarte, mir regelrecht offenbarte, daß er froh sei, daß nicht er sondern Antonio die Ursache für Jules

- Nein

im schwarzen Kissen, Jules

- Nein

im violetten Kissen, Jules

- Nein

im roten Kissen ist, der
- verstehst du mich willst du noch ein Pils
nicht versteht, daß ich jetzt nicht mehr seinen Winseleien zuhören möchte, der nicht
versteht, daß jegliche Empfindung gegenüber ihm in mir verflogen ist, der nicht
versteht, daß er mir jetzt nicht mehr Leid tut, ich, der ich jetzt dein Gesicht vor Augen,
deinen Atem am Hals, deine Hand über die 600 km unserer Entfernung auf meiner
Schulter, während du gerade vielleicht dir die Zunge an deiner mitternächtlichen Tasse
Tee verbrennst, während du gerade vielleicht bei deinem betagten Nachbarn, der
immer über die Läufer seines schmalen Ganges schlurft, und seiner Katze auf dem
Schoß im Ohrensessel hockst und dir anhörst, während seine Hand mit dicken Ader-
netzen auf deiner ruht, daß die kleinen Kinder wieder das Rinnsal von Bach in der
Schrebergartensiedlung in sein Erdbeerbeet umgeleitet haben und die Ernte beim
Teufel, während du vielleicht gerade auf der Suche nach einem Tischlein und einer
Vase für die sonnenverwöhnte Stelle in deinem Erker den vor den Türen ausgesetzten
Sperrmüll der Häuser zerklaubst, spüre ich über die 600 km unserer Entfernung deine
Hand auf der Schulter,
- Fabio, du Idiot
Du kannst dir sicher vorstellen, daß Fabio, während du vielleicht gerade, weil der
Zucker für deine geliebte Götterspeise nicht ausreicht, im Supermarkt an der Kasse
stehst und den Bonbons mit den grellen Verpackungen nicht widerstehen kannst,
während du gerade vielleicht dem kleinen persischen Mädchen mit den Kulleraugen
und den schmutzigen kleinen Knien beibringst Kaugummiblasen zu blasen oder auf
den Fingern zu pfeifen, während du gerade vielleicht bestimmt besorgt um ihr
morsches Kreuz eine flaschenschleppende Alte auf der Straße entdeckst, der du behilf-
lich sein kannst und deren Wohnung du unter die Fittiche deiner neugierigen Augen
nehmen kannst, daß Fabio wieder zwei saubere Nägel seiner gepflegten Hände,
zwischen die Gitterstäbe des grünen und des gelben Nervtöters steckt und mit seinem
Tantchenmund
- Bisou-Bisou
ganz sein eigenes Vorbild es nicht lassen kann das Poster zum 1000. Mal auf einen
Fehler hin zu inspizieren, der ihm peinlich sein könnte, aber zum 1000. Mal nicht das
wahrnehmen kann, was ihm nicht gefällt
- Wasch dir bitte die Hände mein Schatz wenn du am Käfig warst
daß Fabio weiterhin glückfühlend ins Badezimmer schlendert, nachdem sie sich am
Abend zuvor erst ausgesprochen hatten nach zwölf Tagen, nachdem er großmündig
anlegte
- Jule ich verzeihe dir Jule
Fabio, der Jule tatsächlich aber erst verzieh, nachdem sie seine als unsichere
Aufforderung mißratene Frage,
- kommst du mit ins Bad
bejahte, mit ihren freundlichen Augen, die in ihrem schmalen Gesicht stecken wie Eier
in einer Sechser-Pappschale, Jule, die sich Fabio fügte, der wußte, daß sie mit ihm

schlafen würde, der wußte, noch immer wenn sie mit ihm ins Bad ging, schliefen sie miteinander, lief erregt, gleiches ist gleich gültig durch die vorfreudige Genugtuung ins Bad, die Wanne einlaufen, die Tinkturen abwägend, die Salze bei Seite räumend, die Mischbatterie einstellend, die weichgespülten Frottehandtücher bereitlegend, richtete auch, du kennst das Primborium, den Heizstrahler auf die Fließen, weil es doch so angenehm ist, nach der Wanne, nach dem Schaumvollbad, sich an die Fließen geschmiegt, einzuschmieren mit der Honigbutter für Hände und Füße, einzuschmieren mit der Bergamottelotion, die die Sinne so belebt, an Brust und Rücken, einzuschmieren mit dem Neroliwasser, das den Haarwuchs hemmt, an Händen und Füßen, Fabio und Jule, die sich duftend und wohlriechend dem ewigen Schicksal ihrer Beziehung überlassen, die sich in dieser Nacht wieder liebten, die diesen Wochen der Zersetzung, diesen Wochen voller Angst und Bang das Ende bereiteten, froh um sich, froh um die jauchende Sicherheit ihrer Liebe sich in dieser Nacht hingaben, die Schmerzen beendend, du kannst dir sicher vorstellen, daß mir nicht viel daran liegt, was Fabio und Jule angeht, während du den Grashalm zwischen den Zähnen, dich auf mich rollst, auf dem saftigen Grün unserer Wiese neben den Gumpen, allein in der Natur, allein mit unserer Lust, allein auf unserem amphibischen Ausflug, du, die du regungslos auf mir, mich die Macht deiner inneren Vagina spüren läßt
- wie kann ich nur wieder fahren
du kannst dir sicher vorstellen, wie du jetzt Stunden später auf dem Ausflugsdampfer an der Reling stehst, wie der Fahrtwind mit deinen Haaren spielt und deinem knielangen Rock und es dir gefällt, daß ich den lodernden Anblick der Rundung deines Apfelpopos vor schreienden Möwen, vor spritzender Gischt, vor glühenden Alpen und weichgetünchten Karsten einer wehmütigen Umarmung vorziehe, wie du und wie ich, obwohl wir die stille Last eines letzten Tages vor deiner Abreise schon längst nicht mehr mit verschwiegener Nervosität quittieren, insgeheim hoffen, daß der Dampfer sich ruhig ein bißchen Zeit läßt, in der letzten Stunde unserer Zweisamkeit hier auf dem rotschimmernden Wasser, während Fabio sich gerade zu Jule und ihren Freundinnen aus der Arbeit in ein Straßencafé an der Leopoldstraße setzt,
- Bissou Bissou
seinen Campari Soda ordert mit gelber Sonnenbrille über charmantem Lächeln und einem neuen Anzug, der mit Jule und ihren Freundinnen im Roxy oder im Club Delphin unter den Sonnenschirmen lacht, der die vorbeifahrenden Cabrios und ihre Wirkung auf die weibliche Meute in den Straßencafés studiert, der genießt, wie Jules Freundinnen, die Augen hinter den dunklen Gläsern, Jule bewundern um einen Mann wie Fabio, um einen Traumtyp, du weißt, was er über sich denkt, wie Fabio beneiden, der sich in der Bescheidenheit, jede von ihnen flachlegen zu können, wenn er wollte, unter den schattigen Schirmen sonnt, der
- wasch dir bitte die Hände mein Schatz wenn du am Käfig warst
die Brille mit den schwarzen Gläsern aufsetzt, um die Klasse der Püppchen in und vor den Cafés besser mit der von Jule abschätzen zu können, du kannst dir sicher vorstellen, während dein Kopf die ganze Rückfahrt über an meiner Schulter lehnt,

während unsere Hände die ganze Rückfahrt über gedrückt bleiben, während dein Blick die ganze Rückfahrt über schwermütig aus dem Seitenfenster gerichtet ist, daß Jule noch, nicht ohne das gesellschaftliche Leben im Hinterkopf, nach ihrem Klapp-spiegelchen greift
- Tja dann meine Lieben wir müssen noch auf eine Feier ins Makassar
und Fabio gerissen aus seinem Püppchenalbum
- Tja dann
mit Jule und Hand am Arsch zum Auto, sein Job, ihr die Tür aufhalten, sein Job, Jule chauffieren, sein Lieblingsjob, Fabio und Jule ohne Worte wieder zusammen wo sie hingehören, Fabio beschäftigt, die Augen offenzuhalten nach einem Parkplatz und Jule ganz nah mit dem Lippenstift vor dem Spiegel in der Sonnenblende
- war da nicht einer
und Fabio lehrerhaft, väterlich, ärgerlich, das-wirst-du-nie-lernen-Jule
- das war eine Einfahrt
du kannst dir sicher vorstellen, während du noch rasch zu mir hinaufgesprungen bist, dich umzuziehen, weil der Anlaß unseres Abschieds doch der rechte Anlaß war, dein neues Kleid zu tragen, Fabio und Jule Arm in Arm das leere Makassar betreten, in dem nur ich auf sie warte, daß Fabio froh war, in reparierter Gesellligkeit, Jule den Stuhl zurechtzurücken, in reparierter Gesellligkeit
- schön euch wieder zusammen zu sehen
Jule besitzend über den Rücken zu streicheln, die die Hand auf sein Knie legt
- sieht er nicht blendend aus in seinem neuen Anzug zieht sich deine reiselustige Dame auch noch einen neuen Fummel an wer kommt denn noch wo bleibt sie denn
und tröpfelnd in den Abend hinein
- Bissou-Bissou Fabrizio, der immer zugegen, aber immer am Handy
- Bissou-Bissou Lena, die immer, Gott was für ein Tag
- Bissou-Bissou Laura, die immer noch ihre Narbe im Gesicht hinter ihren Haaren versteckt
- Bissou-Bissou Ewald, der die Sonnenbrille auch in der Nacht beim Autofahren nicht abnimmt
- Bissou-Bissou Andi, der immer noch beim Reden alle befummeln muß
- Bissou-Bissoou Verena, die immer noch ihre Haarspitzen auf den kleinen Finger rollt
- Bissou-Bissou Georg, der immer noch ganz aufgeregt die Hände schüttelt
- Bissou-Bissou Sophie, die immer noch, wo ist hier denn die Toilette
Bissou-Bissou bis die Winke-Winke-Gemeinschaft vereint Platz genommen hat
- wo bleibt sie denn nur
dich genau kennend, wie du fiebrig oben bei mir mit Sicherheitsnadeln die fehlenden Knöpfe ersetzt, mir ein Brieflein unter das Kopfkissen legst, es genießt als letzte deinen Auftritt zu haben, für den alle sich erheben
- da ist sie ja
und wieder Platz nehmen, nachdem dir jeder seine persönlichen Begrüßungsherzlich-keiten ins Ohr geflüstert hat, und alles den gewohnten Gang nimmt, wie jedesmal,

wenn du die Abschiedsgesellschaft sich im Makassar versammeln läßt, wie jedesmal, das Geplapper über die Vergangenheit, die Platzwechsel, damit jeder Mal mit jedem seine letzten Monate Revue passieren läßt, du aufgeregt in Erzähllaune wie immer mit der lautesten Stimme, der lautesten Lache, aufgekratzt durch die Flaschen Wein, die die Runde gemacht haben, Fabio, den jeder Blick in Jules Dekolté wie ein Klopfen auf die Schulter vorkommt, der kontrolliert, wenn Jule auf die Toilette geht, und das macht sie oft, du weißt es ja, ob ihr jemand folgt und heimlich zwischen Telephon und Zigarettenautomaten Jule die Zunge in den Hals steckt, und wenn sie länger braucht als üblich, sich erhebt, und zur Toilette pirscht

- was machst du hier
- ich gehe mir die Hände waschen
- du bist so süß

du kannst dir sicher vorstellen, daß Fabio, der großgewachsene Fabio, der jetzt hier am Tisch die kleinen Buchstaben von Antonio doch noch nicht so gut weggesteckt hat, wie er gedacht hatte, Fabio der konzentriert, keinen Lärm verursachend, versucht, unauffällig zu belauschen, was Jule und du zu bereden haben, du kannst dir sein Mienenspiel vorstellen, wenn ihm anstoßende Gläser und dazwischenplatzende Lacher das Verständnis eines ganzen Satzes zerstören, du kannst dir sicher vorstellen, wie der Kellner, der fragt, ob Fabio noch etwas will, seine ganze Unschuldsmiene, sein ganzes Versteckspiel offen legt, da Fabio nicht im Stande ist, seine Aufmerksamkeit zweizuteilen und wirsch den Kellner über seine wunschlose Glücklichkeit aufklärt, Fabio, den euer Tuscheln anzieht wie feuchte Dunkelheit die Kakerlake, der sich unauffällig über den Tisch beugt, mustergültig, um besser mit seinem Nagel im Tisch kratzen zu können, der lauert, langsam alles verstehen zu können, der auf den Suff hofft, der euch zunehmend lauter sprechen läßt, Fabio, der sein Weinglas in der Hand drehend nicht bemerkt, daß nur Jule und du nicht merken, wie Fabio unauffällig die Ohren spitzt, während er scheints etwas interessantes an der kühlen weißen Wand hinter euch entdeckt hat, der im trügerischen Schutz seiner Ersatzhandlungen seiner zermarternden Neugier den Raum läßt, näher an den Tisch rücken, dessen Hoffnung aufgeht, da ihr immer lauter werdet, der bemerkt, daß ihr tatsächlich über ihn tuschelt, über sein Verhalten, der nicht bemerkt, daß es um ihn herum totenstill geworden ist, da ihr über die Dinge sprecht, die in dieser Lautstärke nicht für diesen Tisch, nicht für Fabio gedacht sind, der festgegossen dasitzt, als dir, ruckartig aufgestanden, empört entfährt

- Schluß machen mit ihm da mußt du Schluß machen mit ihm

Fabio der sich nach hinten lehnt, vertieft in seine Sackotaschen auf der Suche nach Zigaretten, nicht anders kann als hören, was wir alle hören

- deine Briefe gelesen ich glaube es nicht deine Briefe gelesen der kleine Arsch deine Briefe gelesen

Fabio, der vor einer Sekunde noch so tat, als ob euch er euch nicht belauscht hat, tut nun so, als ob er nicht hört, was selbst der Spüler in der Küche zwischen den klappernden Töpfen hören muß,

- er hat deine Briefe gelesen und du hast noch nicht mit ihm Schluß gemacht
der sich, als ob ihn das alles nichts anginge ruhig eine Zigarette anzündet, in die auf ihn
gerichteten Auge spröde hineinlächelt, der darin verharrt, daß es hier nichts zu hören
gibt, daß hier niemand hört, wie du mit der Faust auf den Tisch
- und mit der armen Sau kommst du hierher
Jule, der es, du kannst es dir sicher vorstellen, in ihrem gesenkten Kopf unangenehm
ist, daß sie öffentlich hören muß, was sie sich über zwei Wochen kaschiert hat, daß ihr
mit der Faust auf den Tisch klargemacht wird
- er hat deinen Briefe gelesen und du fickst noch mit ihm Schluß mußt du machen
der ins nackte Gesicht hinein, daß du mit der Empörtheit deiner Hände hebst,
verständlich gemacht wird
- die arme Sau hat dich nicht verdient
du, die du nicht merkst, daß mit den anderen auch ich aufgestanden bin, du, die du mir
flüchtig
- Ja Ciao verstehst du du mußt mit ihm Schluß machen er hat deine Briefe gelesen ich
glaube es nicht ich komme gleich
Fabio, der sich von allen, die gehen verabschiedet und Küßchen gibt als ob er taub wäre
und seine Laune einen Grund hat, am Leben zu bleiben, der
- Bissou-Bissou
nicht auf den Gedanken kommt
- Geh und wasch dir bitte die Hände mein Schatz wenn du am Käfig warst
du kannst dir sicher vorstellen, wie ich von draußen noch deine energischen Worte
durch die Scheibe sehe, du kannst dir sicher vorstellen, wie ich in unsere Wohnung
zurückkomme, in der Dunkelheit unserer Gemeinsamkeit mich auf das Bett setze und
meinen Atem hören muß, du kannst dir sicher vorstellen wie ich zu meinem Schreibtisch gehe, die Schubladen öffne und die Lampe anknipse, die du mir vor Jahren
geschenkt hast, und feststellen muß, daß du wieder gewühlt hast in den Intarsien
meiner Schubladen, du kannst dir sicher vorstellen, daß mir das nichts ausmacht, da
ich ohnehin mich nur scheue, dir nicht alles zu zeigen, was mir im Leben, was mir in
diesem Zimmer geblieben ist, um dich nicht mit der Ödnis meiner Vergangenheit zu
belästigen, du kannst dir sicher vorstellen, daß ich mir jetzt in dem Moment, in dem
ich die Türe hinter mir schließe und den Koffer neben mir abstelle und das Papier
durch die Klappe schiebe, die ich immer ölen sollte, weil sie so scheußlich quietscht,
denken muß, daß ich der bin, der in meinen Briefen steht, daß ich der bin, den du
kennst, und du kannst sicher verstehen, daß heute in unserer letzten Nacht dieses
Papier deine Tränen auffangen wird und nicht ich.

track 24

DIE SONDERGENIES UND FLORA WALDENLI
Eine utopisch-dystopische Vision aus dem Jahre 2135 in Konstanz Egg
von Pavel Janda

Mein träumendes Auge zeichnet mir, lieber Leser und liebe Leserin, dass daraus echt noch ein größeres Werk wird.
Ich spüre es. Auch für mich sind Evas Augen faszinierend, wenn ich sie so nahe sehe und mit meiner siebenfachen Einsamkeit und mit den Belehrungen des Frauenreferates vergleiche. Dann...also dann werde ich es, will ich es, muss ich es auch für mich selbst schreiben. Mag sein, sie nimmt mich dann mit auf ihre Flora Waldenli. Vielleicht, wenn ich über sie hier tags und nachts furios schreibe, solange die Miete bezahlt ist. Vielleicht geschah es auch so mit Erich Zahn.
Aber wer kennt heute noch Erich Zahn und seine Geigenmusik?
Im warmen Augustwind glänzt der große See wie eine glatt polierte, blaue Marmorscheibe. Einige wenige kleine Segelschiffe mit bunten Segeln ruhen in der Windflaute. Der wilde Bewuchs an den Ufern, eine Art Urwald aller möglichen Bäume und Pflanzen kriecht überall fast bis an das warme Wasser. Nur hin und da eine frei geräumte Anlegestelle für Boote. Das riesige Gebäude der ehemaligen Universität auch ganz verlassen und still. Fast romantisch umschlungen von allerlei Schlingpflanzen. Kaum Fenster. Kaum Bewegung.
Nur einige mutierte Affen hopsen durch die Fenster des ehemaligen Biologieflügels. Dazwischen - etwas ungeschickter hopsend - die letzten selbst geklonten Sonderforscher der Genetikbiologie. Etwas unbeholfen, denn ihre Sozialisation verläuft irgendwie intrakulturell defizitär. Es ist ein langfristiger Prozess eine effektive, multikulturelle Sozietät zwischen dem alten homo sapiens diskursans und den neuen, mutierten, genetisch noch unklaren Affenarten.
"Verdammte Ekoscheiße", murmelt mancher alter Genforscher in seinem Purgatorium auf Flora Waldenli, 21 Lichtjahre von der Erde entfernt.
"Die Soziologen haben doch damals versprochen, dass die Wirklichkeit ein Text sei, also genauso konstruierbar und wieso dann diese Scheiße?"
Mit dem perlokutiven, jedoch fiktionalen Sprechakt: "Verdammte Ökoscheiße, usw..." geben die Sträflinge der Waldenkolonie in den südlichen Feuchtgebieten von Flora Waldenli ihrer inneren Entscheidung, von nun an wirklich nicht mehr bei der anstrengenden Austrocknungsarbeit der Sümpfe mitzumachen, eine deutliche akustische Form. Nun der Akt ist in der Tat fiktional, weil unseren vom Sumpf ordentlich bedeckten Sträflingen jede praktische Macht ab-

handen gekommen ist, ihre Sprachzeichen in die Tat umzusetzen.

Flora Waldenli, ein ruhiges Wesen planetarischer Größe ist soeben über mehrere Jahrhunderte (unserer Zeitrechnung) mit äußerst wichtigen Verschönerungsarbeiten in den kälteren Berggebieten beschäftigt. In etwa 200 Jahren wird ein Besuch von der Erde erwartet. Flora Waldenli hofft, dass bis dahin auch die Sumpfgebiete trocken sind und die Nachkommen der Sträflinge selber etwas ruhiger geworden sind und mit den Botschaften der Erde freundlichen Kontakt aufnehmen können. Flora Waldenli schenkt also bereitwillig den Sträflingen passende Luft für ihre Lungen und auch für ihre etwas unhöflichen Sprechakte. Flora Waldenli ist tolerant, so, wie eben ein derart mächtiges Wesen tolerant ist - sie ignoriert den Protest. Die Semantik oder eher Semiotik des fiktiven perlokutiven Sprechaktes "Verdammte Ökoscheiße, usw. ...." ergibt sich somit klar dem inneren Auge des impliziten Lesers. Wer da nicht weiß, wer impliziert wird, solle ruhig dem Autor seine Frage zuschicken. Auf die Insel.

"Verdammte Scheiße", murmelte auch Robert für sich, unweit von der Insel, als er die kleinen halbnackten Menschen durch die leeren Türenfenster des Eingangsbereiches flüchten sah. Er setzte sich dann wieder auf den Boden und sammelte weiter Pflanzenproben im dichtem Gras des Innenhofes der alten Universität. Er legte sie vorsichtig in die kleine Holzkiste. Und grübelte dabei weiter. Die zweite, größere Kiste, randvoll mit Gemüse und Brot stellte er unter den hervorragenden Betonrand des Hauptgebäudes

- So, so ist es OK. So wird das nicht nass, sollte es regnen. Robert betrachtete die ganze Szene. Schlingpflanzen überall herum, die Brotkiste, halbnackte Genies hinter den gebogenen, von bizarren Pflanzenarmen dicht umschlungenen Rahmen der Türe, der sanfte warme Wind, schön irre, die ganze Szene - dachte er , bückte sich wieder zum Gras, sammelte weiter und grübelte weiter. Ob er auch ein Nachkomme des homo sapiens discursans ist?

- Klar die Genies, wie man sie neulich nannte, waren ziemlich hilflos und ängstlich, aber manchmal auch frech. Sie belästigten die Insulaner, die häufig auf die Suche nach brauchbaren Videokassetten, Büchern oder CDs in das Betonlabyrinth der ehemaligen Unibibliothek gekommen sind. Offensichtlich hatten sie permanent Hunger. Deswegen hat man beschlossen, regelmäßig hier oben auf dem Innenhof etwas von dem Gemüse und Brot von der Insel abzustellen. Es machte die Genies schon irgendwie glücklich. Sie trampelten herum, saßen herum am Gras und stopften sich - echt sie waren glücklich. Echt, fast wie in den Alten Zeiten. Das war doch auf dem einem Video, das sie sahen, oder? Da, wo jetzt Tausende von Wasservögel manchmal brüten, dort im westlichen Teil muss es mal gewesen sein. Und verdammt voll war es dort. Das Video zeigte viele Gesichter, viel Bewegung, viel Essen, viel Lesen. Das war seltsam. Essen und Lesen gehörten für die vielen an den langen Tischen Sitzenden irgendwie zusammen. Sonst hatte sie es sehr eilig - aber wenn sie in den Papiere lasen, die auf den Tischen lagen und aus ihren Tellern dieses ziemlich Ungesunde Zeug aßen, waren sie merkwürdig still. Gerhardt, der sich mit diesen Filmen viel beschäftigte meinte, sie waren dabei ziemlich konzentriert. Wie sonst kaum während ihres hektischen Lebens.

Das galt aber auch für die Genies. Wenn die Genies satt waren, konnte man beobachten, wie auch sie mit von irgendwo hergebrachten Büchern herum spielen. Das war für viele Insulaner ein Beweis für irgendwelche Verwandtschaft der Genies und der Menschen aus den Filmen. Sie bauten manchmal ziemlich hohe Türme raus den Büchern auf, oder errichteten komplizierte Muster und Puzzles auf den vom Gras bewachsenen Betonplatten. Es war dann friedlich auf dem Innenhof. Mag sein, dass das auch der Sinn des Lesens im Video war. Glücklich und satt - drauf kam es wohl an in den Alten Zeiten...-

Die Pflanzenkiste war voll. Allesamt schöne Exemplare. Die Genies waren friedlich mit sich beschäftigt. Robert richtete sich auf, stellte eine Kiste mit den frisch gepflückten Pflanzen in den Schatten, holte etwas Wasser in seinem Becher, benetzte sie damit und setzte sich dann selbst zum Wasser.

- Wo ist sie denn? Die Sonne wirft schon die ersten Schatten in den Hof. Schon zwei Stunden ist sie weg. Dass sie nur bald kommt, sonst muss er sie suchen gehen. Aber sie kennt sich doch aus. Auch wen die alte Bibliothek ein ziemliches Labyrinth ist. Eva ist Klasse, klug wie ein Fuchs, wenn es um alte CDs, Platten, Videofilme oder Tonbandkassetten geht, klar. Sie hat einfach einen Riecher für die brauchbaren Sachen. Einen schönen Riecher noch dazu... Hm... wenn sie schon da wäre.. er könnte mit ihr wieder da oben liegen, von oben den See und die Insel betrachten. Was ist los, wer kommt an, wer geht... ja, das wäre was... verdammte Scheiße... er könnte wieder eine brauchen, wenn sie welche hat. Die Zigaretten sind dieses Jahr selten geworden. Und der Hagel hat die Tabakplantage am Südufer schon im Juli ziemlich platt geschlagen. Aber Eva hat verdammt schöne Nase und kluge dazu... wo ist sie denn... irgendwie schafft sie es und bringt doch immer welche mit...

Robert wachte auf von seinem Grübeln auf, stand auf ging zu der neulich reparierten Wasserpumpe und kontrollierte die Festigkeit der Schrauben.

- Die Genies sind echt nicht dumm, irgendwie fummeln sie hier immer dran. Wie auch immer unschuldig sie jetzt bei der Kiste sitzen, sie können ganz schöne Biester sein. Irgendwie verstellen sie immer gerne etwas, sie bastelten gerne, aber hier ist das für sie gefährlich. Wenn sie das halt kaputt machen, dann gibt es eben einige Tage kein Wasser Das sind halt die Probleme, das kapieren die wohl nie! . Was du heute tust, hat eben Folgen. Und zwar ziemlich lange, auch übermorgen, auch in einem Jahr, auch in zehn oder zwanzig, oder in Hundert Jahren, egal. Pass auf was du tust! Attention! Und hier schon wieder dasselbe. Das muss man irgendwie anders machen. Und das muss ich machen...verdammte Scheiße!...wo bleibt sie denn... es ist schon echt zu lange...und dabei könnten sie doch was besseres machen....schöne Zeit nur für sie beide...Wasser ist doch super warm...sie könnten zurück zur Insel schwimmen und die Kisten erst morgen holen....warum nicht... it' s summertime. Robert zog die nassen und weichen Papiere raus und ließ sie am Gras trocknen. Dann improvisierte er aus einem alten Draht, den zwischen vielen Glasscherben auf einem Schutthaufen entdeckt hatte, ein kleines Gitter und legte es auf den Ausfluss.

- So ist es OK. Die Genies werden das wohl bis morgen so lassen und dann muss ich das irgendwie festmachen. Die Biester holen immer mehr Bücher raus seitdem sie entdeckt haben, wie man in die Bibliothek hineinkommt. Sie sind schon irgendwie clever...-

Robert hörte gespannt zu, es schien ihm, dass er von irgendwo unten Kratzen oder Schritte hörte. Nichts. Er setzte sich wieder auf den Rasen und nahm die jetzt trockenen Blätter in die Hand. Er versuchte sie zu lesen. Der sanfte Abendwind glitt über das vergilbte Papier. Die Buchstaben waren aber noch gut lesbar, bis auf die Stellen wo es Risse und Löcher gab.

Robert las langsam die fremden Worte. " Die Implikationen des human genoms für die Konstitution von..."- und weiter war es voll unlesbar. Und hier wieder was anderes. Scheinbar anderes. Auf etwas festerem Papier, blau-gelblich mit großen Buchstaben bedruckt, aber zum Teil unten abgerissen: "...urwissenschaftliches ...ungskolleg SFB 485 ...orm und Symbol. Die kulturelle Dimension soz...und politischer Integr..."

Es sagte ihm wenig. Das Wort genom war ihm bekannt. Die Ältesten sprachen manchmal darüber, aber irgendwie war das alles nur für die Älteren, sagten sie. Er solle warten. Immer das selbe. Warten. Warten und lernen. Die Wirklichkeit wäre wichtiger. Er soll arbeiten und Ausflüge machen - alles andere kommt später. Tss! OK,OK. Aber pass auf, das Datum hier, dass ist wichtig, das nimmt er lieber mit auf die Insel. Gerhardt wird sich dafür interessieren, alles was Datum hat mitnehmen, sagte er...er hätte etwas wichtiges herausgefunden über die sogenannte "Sonderforschung", wie er das nannte...also das Datum. Knapp über der vollständig abgerissenen Kante steht es: 6. Juli 2000. Hmm...also schon lange her. 110 Jahre danach wurde er auf der Insel geboren....

Robert ließ die Blätter fallen und drehte sich schnell um. Obwohl sie ganz leise über das Gras kam, hörte er sie trotzdem. Oder fühlte sie, er wusste es nicht. In jedem Falle spürte er es immer, wenn sie in der Nähe war. Evas Augen strahlten

ihn kurz an. Sie kam näher. Das war ihre Art. Kein Wort, nur dieses leichtes, etwas ernsthaftes und geheimnisvolles, jedoch kindliches Lächeln und dann dieses Etwas. Etwas wie lebendiges, glänzendes, grünes Licht in ihren Augen.
O yes, wir wissen es!
E ist das ewig goldengrüne Licht von Fora Waldenli
Oh, gypsy can you see her in the crystal ball?
Robert fühlte sich umschlungen von ihren Augen und dann von ihren langen Armen. Vielleicht sah er auch für einen kurzen Augenblick das Geheimnis in ihren tiefen Augen - oh, es, das ist es, was an ihr sonderbar war - sie hat fast nie geblickt - ihre Augen waren ständig etwas erfüllt mit den goldengrünen Nebeln von Flora Waldenli - das war es was er sah - die goldengrüne Ewigkeit des Augenblicks - das machte ihn fertig - das machte ihn an - die Zeit verschwand einfach in ihren Augen. Da standen sie also, umschwungen von den Nebeln, die zu ihnen über die 21 Lichtjahre gekommen sind. Und Robert? - Robert hatte den Eindruck, dass er Musik hört. Musik und Worte, ja das war es. Letztes mal hat sie eine alte CD aus der Bib gebracht hat. Irgendwie so muss es gewesen sein.
Father of Day, Father of Light!
Father who takes darkness away
Father who teaches birds to fly
Pilgering rainbows up in the Sky
Father of Day, Father of Light
Father who built heaven so high
Father of Corn! Father of Rain!
Father of Loneliness and Pain
Eva wandte langsam ihre Augen von ihm ab und betrachtete die still ge-wordenen Genies. Auch sie standen wie gebannt. Ja sie waren aufgestanden von ihrer Futterkiste und kamen in die letzte Abendsonne. Fast in die Mitte des Innenhofs. Der dunkel blaue Himmel des Abends breitete seine Glocke über ihnen und sie sahen wie irre aus. Ein Moment überkam Robert der verrückte Gedanke, dass sie zum Gottesdienst gekommen sind. Aber welchen Gott wollen sie anbeten? Oder welche Göttin? Die Musik und die Worte, die er die ganze Zeit undeutlich hörte, klangen noch leise unter dieser sonnig dunkel blauen Glocke des Augenblicks. War das nicht irre?
- Klar, diese Eva, sie ist schon manchmal wie ein Kind. Aber dann ist dieses etwas in her... Scheiße, wie soll er das...sie ist eben anders...sie verschwindet für Stunden in den dunklen Korridoren der alten Bib ... allein...sie kommt genau dann raus, wenn man sich ernste Sorgen um sie macht...kommt einfach und schaut einen so an...so...grün und komisch ..halt anders. Spielt sie nur mit ihm? Ihre Hände lagen noch immer an seinen Schultern. Als ob sie es vergessen hätte?

Sie ist echt komisch. Sie kann in einer Position einfach verharren und denkt nach wie eine grüne Eidechse. Denkt sie überhaupt nach? Minute oder zwei. Denkt sie überhaupt? Egal, so kann sie ruhig bis morgen bleiben und nachdenken, oder was sie da macht. Die Hände sind echt geil dort wo sie sind. Das kann so bleiben.

Ihre Hand drückte ihn aber etwas nach unten. OK. Er verstand. Er setzte sich. Sie auch, neben ihm. Schulter an Schulter, kein Wort. Sie beobachtete das langsam laufende Wasser des jetzt frei laufenden Bachs. Er nahm ihre Schulter war. Auch das war anders. Kein Wort. Nur Wirklichkeit. Sie bemerkte das kleine Gitter und stupste ihn anerkennend an. Das hat auf ihn gewirkt, verdammt gewirkt. Sie nahm ihren kleinen Rucksack ab und holte ihr CD Player und Kopfhörer raus. Er wusste was kommt. Neue Funde, neue Weisheiten. Sie lächelte ihn an, sie freute sich, dass er gerne zuhört. Und vielleicht auch, dass er hier auf sie wartet. Sie legte ihm die Kopfhörer an. Er spürte ihre Finger - verschmolzen irgendwie mit dem leichten Wind, dann zog sich seine Kopfhaut zusammen. Schön, verdammt schön. Ein leises Klicken, da hat sie also wieder genug Zeit gehabt ihre Batterien auf der Insel aufzuladen. Robert drehte sich zu ihr und wartete, was kommt.

Sie hatte diese besondere Art, ein Gespräch mit Freunden immer mit Musik anzufangen. Er wusste, dass er möglichst genau zuhören soll. Sie wollte dann darüber sprechen, was er hörte. Es gelang ihm nicht immer. Es gab oft keine erhaltenen Texte zu den CDs, deswegen musste er raten. Sein Englisch war dafür aber gut genug. Hier kommt die Musik schon. Schöne Gitarre, langsam, rhythmisch, dann dramatisches Schlagzeug... Robert schloss die Augen... der Innenhof verschwand... Evas lange Finger wanderten langsam durch sein Haar... und also sprach die melodische Stimme aus den Alten Zeiten zu ihm.

....*what have you done...*

... *passing your time with a holy man talking of the moon and sun...*

...

...*but I cannot tell the difference between the fools and the lies...*

...

...*Show me the way to follow*
I've been on the road for so long
Would you lend me your hand
You told me you had no answer
You didn't really hold the key..

...

...*I'm a simple man*

...

...What have you done passing your time with a holy man
...

... whisper in the dark night saying who's to blame.

....

...I'm the holy man, so don't you follow me...

Das war es. Das, was er zwischen der schönen, melancholischen Musik und unter Evas Fingern verstehen konnte. Es war also etwas unklar....

Wir, die Zuhörer und Leser aus den Alten Zeiten, würden sagen, dass es einen semantisch offenen Raum hinterlassen hatte oder das es interpretationsbedürftig ist. Aha! Und weg wäre das Grün, das Blau, der Zauber des Augenblicks. Die Vision. Aber wir wollen lernen von den Kommenden und so lassen wir das in diese Seiten der "Akasha" offen stehen und widmen uns wieder unserer Zeit Denn Robert und Eva gehen gleich zu ihrer Lieblingsstelle, dort, zu der mit weichem Moos zugewachsenen Terrasse über dem See. Sie lassen es auch "auf einander ruhen". Sie werden dann vielleicht eine von Evas Zigaretten rauchen. Denn sie ist eben eine "second generation woman", und weiß Bescheid, wo man welche kriegt. Genauso wie Robert ein "second generation man" ist, unbelastet von der Interpretationsnot unserer Zeit. Für beide sie ist ihre Wirklichkeit eben so wirklich geworden, dass sie kaum Texte brauchen um sie sich zu verwirklichen. Oder eher zu verwirken?

Das Rezept gegen die Interpretationsnot ? Laut der alten hermetischen Rezeptenmixtur Büchern, die wie durch ein Wunder unbeschädigt in einer versiegelten Stahlkiste unter einer sehr alten Eiche auf der Insel gefunden worden waren. Wann war das? Zweite Hälfte des 21. Jahrhunderts. Was war drinnen? Gesammelte Werke eines Wanderers aus Sils Maria, weiterhin gesammelte Visionen und weitere kluge Texte des Begründers sogenannter "Waldorfpädagogik", die nie funktioniert hat, wie er es dachte und ein Haufen CDs mit Texten und Bildern eines gewissen Apoloros. Alles selbstverständlich auf verschiedenen Trägern mehrmals abgesichert. Was war daran so wichtig? Die Ältesten waren zum Schluss gekommen, dass es das Ding sei. Man hat einiges geändert. Auch die Art der Erziehung wurde etwas komplettiert . Eva und Robert wurden also von Eltern erzogen, die schon unter dem Einfluss dieser neuen Pädagogik aus der Stahlkiste standen. Sie waren in gewissem Sinne also die "Menschen aus Eisen", die der "Vater von Einsamkeit und Härte" gefordert hatte. Sie waren aber auch "Freigeister", die gelernt hatten in Bildern zu denken. Und so, neben dem wahrlich paradiesischen Leben, das sie auf Insel reichlich genießen konnten, hatte man sie eben auch einsam und später gemeinsam auf einsame Erkundungsreisen auf das Festland geschickt . Es hat ihnen nicht geschadet, wie sie sehen.